Natürlich SELBST GEMACHT

IVY MANNING

FOTOGRAFIEN VON ALICE GAO

Edition Fackelträger

INHALT

WECK

ÜBER DIESES BUCH

Von knackigen Essiggurken aus dem Kühlschrank über eingemachte Früchte der Saison und gesunde Snacks bis hin zu Partyhäppchen, mit denen Sie Ihre Gäste begeistern werden, von beliebten Gewürzmischungen bis zu klassischen Cocktail-Mixen – diese inspirierende Rezeptsammlung bietet einfache Anleitungen, um viele Ihrer liebsten Gerichte von Grund auf selbst zu machen.

Wenn Sie Produkte, die Sie normalerweise kaufen, selbst machen, können Sie auf Geschmacksverstärker, Konservierungsstoffe und vieles mehr verzichten und unnötige Zusätze wie Natrium, Zucker und Fett, die benutzt werden, um Lebensmittel möglichst lange haltbar und somit profitabel zu machen, vermeiden. Im Gegensatz dazu verlassen sich diese Rezepte auf gesunde, nahrhafte Zutaten, wie saisonales Obst und Gemüse, qualitativ hochwertiges Olivenöl, regionales Fleisch und nachhaltigen Fisch. So schmeckt alles, was Sie essen, besser und ist gleichzeitig gesünder für Ihren Körper. Essen selbst zu machen heißt, alltägliche Nahrungsmittel wie Müsli, Energieriegel, Salsas und Snacks an die eigenen Wünsche anzupassen.

Hausgemachte Cracker, Süßigkeiten, geräuchertes Fleisch, Konfitüren und Frischkäse sind nicht nur gesünder, sondern schonen auch Ihren Geldbeutel. Wenn Sie von Grund auf selbst kochen, zahlen Sie nicht zusätzlich für aufwendige Verpackungen, Marketing und Vertrieb – und das bedeutet, dass Sie am Ende des Tages mehr Geld in der Tasche haben.

Keines der Rezepte in diesem Buch verlangt nach ausgefallenen Küchengeräten oder spezieller Ausstattung. Eine „normale" Küche hat alles, was Sie auf den nächsten Seiten brauchen werden. Es finden sich Rezepte jedes Schwierigkeitsgrades und unterschiedlicher Kochdauer, von 3-Zutaten-Leckereien wie knackigen, mit Curry gewürzten Kohl-Chips bis hin zu etwas zeitintensiveren Rezepten wie Limoncello oder Sauerkraut, die besondere Aufmerksamkeit benötigen – aber dafür eine spannende Lektion in Küchenwissen beinhalten. Die Rezepte sind meist einfacher, als Sie vielleicht am Anfang denken werden. Mit etwas Mühe werden Sie mit Essen belohnt, das viel besser schmeckt als die entsprechenden Produkte aus dem Geschäft, und Sie werden sich fragen: „Warum habe ich das nicht schon viel früher gemacht?"

Auf den nächsten Seiten finden Sie Rezepte für jeden Anlass und jede Tageszeit. Für Frühstücksideen wenden Sie sich nahrhaftem Erdbeer-Mandel-Müsli oder Apfel-Nuss-Energieriegeln zu, oder probieren Sie Lebkuchen-Apfel-Pfannkuchen, die Sie aus Ihrer eigenen Backmischung zubereiten und dann am Tisch mit himmlischem Birnenmus mit Kardamom bestreichen. Oder bereichern Sie Ihren Frühstückstoast mit einem Löffel Birnen-Ingwer-Konfitüre oder klassischer Orangenmarmelade.

ESSEN SELBST ZU MACHEN HEISST, ALLTÄGLICHE NAHRUNGSMITTEL WIE MÜSLI, MÜSLIRIEGEL, SALSAS UND SNACKS AN DIE EIGENEN WÜNSCHE ANZUPASSEN.

Zur Mittagszeit können Sie Ihr Sandwich mit selbstgemachten Klassikern aus der Vorratskammer wie zum Beispiel Ketchup aus reifen Tomaten, Aioli oder selbst geräuchertem Speck verfeinern – Ihre Sandwiches werden nicht mehr die gleichen sein. Stellen Sie aus Rezepten für Sauerkraut und Biersenf ein unvergessliches Reuben-Sandwich zusammen oder genießen Sie cremigen, selbstgemachten Meerrettich mit gebeizten Lachshäppchen auf Roggenbrot im norwegischen Stil (smørbrød).

Sie werden auch eine Vielzahl von Rezepten entdecken, mit denen Sie ein perfektes Abendessen zaubern können – mit Gewürzen und Zutaten aus aller Welt, wie die scharfe Sriracha-Sauce aus Thailand für pikante Pfannengerichte, süß-herbe italienische Mostarda di frutta mit gebratenem Fleisch oder natürlich fermentiertes Kimchi zu koreanischen Nudeln und Fusion-Tacos. Zusätzlich können Sie klassischen Alltagsabendessen mit einer Auswahl von „besser-als-gekauft"-Zutaten, zum Beispiel mit cremigem hausgemachtem Ricotta für Lasagne, einem Salsa-Trio für den Taco-Abend und nährstoffreichem Kohlpesto für ein schnelles Pastagericht unter der Woche, einen neuen Anstrich geben.

Sie finden in diesem Buch auch außergewöhnliche Häppchen für Gäste. Ihre Freunde werden von Ihrer Kochkunst schwärmen, wenn Sie ihnen selbstgemachtes Membrillo mit Manchego-Scheiben, seidigen Lachs mit Aquavit und Dill auf Roggenbrot oder klassische Oliventapenade mit Crostini servieren. Sie werden nie darauf kommen, dass Sie den Membrillo im Schongarer geköchelt haben, dass der gebeizte Lachs nur einige Minuten Vorbereitung und ein paar Tage im Kühlschrank braucht oder dass man für die Tapenade nur kurz den Mixer einschalten muss. Hobby-Barkeeper werden sicher die einzigartigen Getränkerezepte schätzen, wie aus Zitronengras gebrühten Tonic-Sirup, Margarita-Mix aus drei Zitrusfrüchten und angenehm herbe Cocktailzwiebeln.

Jeder liebt ein selbstgemachtes Geschenk und viele von diesen Rezepten sind perfekt, um anderen damit eine Freude zu machen. Von hausgemachten „s'more kits" bestehend aus würzigen Graham Crackern und Vanille-Marshmallows bis zur Backmischung für Buttermilch-Maisbrot kombiniert mit einem Glas köstlicher Speck-Zwiebel-Konfitüre, Ihre Freunde werden es lieben, Geschenke von Ihnen zu bekommen – denn sie wurden in Ihrer Küche selbst gemacht.

Dieses Buch wird Sie mit vielen schönen Fotografien zum Selbstmachen inspirieren und Sie werden bald entdecken, wie viel besser alles schmeckt, wenn es von Grund auf mit den eigenen Händen gemacht wurde. Wenn das passiert, sind Sie auf dem besten Weg zum wahren Kochkunsthandwerker.

Ivy Manning

EINGELEGTES & KONFITÜREN

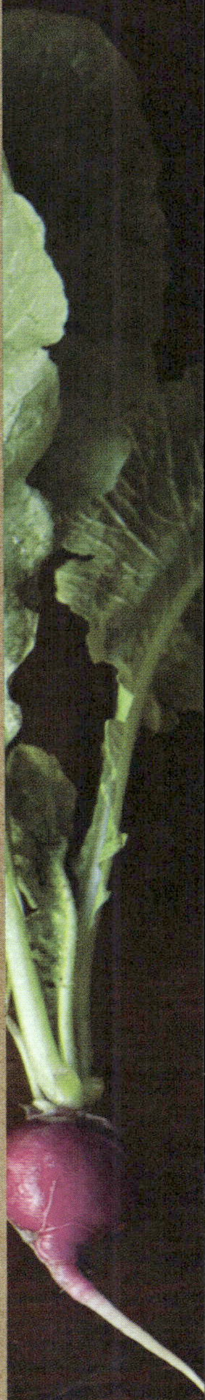

SCHNELLE DILLGURKEN

MANCHE REZEPTE, WIE DIESE KNACKIGEN DILLGURKEN, SIND AUS GUTEM GRUND KLASSIKER. AM BESTEN MACHEN SIE SIE IM HOCHSOMMER, WENN MAN DIE KLEINEN EINLEGEGURKEN UND FRISCHEN DILL AUF DEM WOCHENMARKT FINDEN KANN. BESONDERS GUT FÜR EINSTEIGER IM EINLEGEN.

750 ml Haushaltsessig (5% Essigsäure)

2 EL grobkörniges Salz

12–14 Einlegegurken

6 EL Einlegegewürz

18 reife Dillstängel mit Dolden oder 6 EL Dillsamen und 24 frische Dillstängel

24 Knoblauchzehen

36 Pfefferkörner

ERGIBT 6 GLÄSER À 500 ML

Die Einmachgläser und Deckel auskochen und bereitstellen.

Den Essig, 750 ml Wasser und Salz in einem Topf vermischen und zum Kochen bringen. Vielleicht ist etwas mehr Essigsud notwendig, dafür zusätzlichen Essig bereitstellen.

Die Gurken in etwa 1 cm dicke Scheiben schneiden. In jedes Glas 1 EL Einlegegewürz, drei Dillstängel mit Dolden oder 1 EL Dillsamen (zur Dekoration vier Dillstängel an die Innenwand des Glases geben), vier Knoblauchzehen und sechs Pfefferkörner geben. Die Gurkenscheiben dicht darauf schichten, es sollen keine großen Zwischenräume entstehen. Oben einen Rand von ca. 2,5 cm frei lassen.

Den kochenden Sud in die Gläser schöpfen und etwa 1 cm unter dem Rand frei lassen. Wenn nötig mit einer dünnen Nadel am Rand des Glases, zwischen Glas und Gurken, vier oder fünf Mal entlangfahren. So lösen sich Luftblasen. Bei Bedarf etwas Sud nachfüllen und die Glasränder sauber wischen. Die Gläser fest verschließen.

Vor dem Servieren die Gurken mindestens ein paar Stunden in den Kühlschrank stellen, damit sich der Geschmack entfalten kann. So halten sie bis zu 3 Wochen.

DILLBOHNEN

DIESE BOHNEN SIND WUNDERBAR FÜR BLOODY MARYS – VERFEINERN SIE IHREN DRINK MIT EINEM SPRITZER DES GURKENWASSERS. WENN SIE ES GERNE SCHARF MÖGEN, VERDOPPELN SIE EINFACH DIE MENGE DES CAYENNEPFEFFERS. FALLS NICHT, KÖNNEN SIE DEN PFEFFER AUCH GANZ WEGLASSEN.

750 ml Haushaltsessig (5% Essigsäure)

6 EL grobkörniges Salz

6 reife Dillstängel mit Dolden oder 6 EL Dillsamen und 24 frische Dillstängel

1 ½ TL Cayennepfeffer

6 Knoblauchzehen

2 kg frische grüne Bohnen

ERGIBT 6 GLÄSER À 500 ML

Die Einmachgläser und Deckel auskochen und bereitstellen.

Den Essig, 750 ml Wasser und Salz in einem Topf vermischen und zum Kochen bringen.

In jedes Glas einen Dillstängel mit Dolden oder 1 TL Dillsamen und vier Dillstängel, ¼ TL Cayennepfeffer und eine Knoblauchzehe geben. Die Bohnen putzen und bei Bedarf kleiner schneiden, sodass sie etwa 1 cm kürzer als die Gläser sind. Die Bohnen so dicht wie möglich in die Gläser schichten, dabei das Glas am besten waagerecht halten und die Bohnen mit einem kleinen Spatel an den Rand schieben.

Den kochenden Sud in die Gläser schöpfen und etwa 1 cm unter dem Rand frei lassen. Um Luftblasen zu entfernen, mit einer dünnen Nadel am Rand des Glases, zwischen Glas und Bohnen, vier oder fünf Mal entlangfahren und bei Bedarf etwas Sud nachfüllen. Die Glasränder sauber wischen und die Gläser fest, aber nicht zu fest, verschließen.

Vor dem Servieren die Gurken mindestens ein paar Stunden in den Kühlschrank stellen, damit sich der Geschmack entfalten kann. So halten sie bis zu 3 Wochen.

SAUERKRAUT

UM EIN BISSCHEN FARBE INS SPIEL ZU BRINGEN, 100 G GESCHÄLTE, GERASPELTE KAROTTEN ZUM SAUERKRAUT GEBEN, BEVOR ES IN GLÄSER GEFÜLLT WIRD. FÜR DIE KÜMMELVARIANTE VOR DEM GÄREN 3 EL KÜMMELSAMEN MIT DEM KRAUT VERMISCHEN. SCHMECKT GUT ZU WÜRSTCHEN, IN SANDWICHES ODER IM SALAT.

2½ kg Rot- und/oder Weißkraut, harte äußere Blätter und Strunk entfernt, geviertelt, fein gehobelt

3 EL grobkörniges Salz, nach Bedarf mehr

ERGIBT 8 GLÄSER À 500 ML

Das Kraut in eine große Schüssel geben, mit Salz bestreuen und gut vermischen. Zugedeckt etwa 30 Minuten ziehen lassen, bis das Kraut weich wird.

Das Kraut portionsweise dicht in einen Keramiktopf oder einen Kunststoffbottich (4 l Inhalt) füllen. Wenn sich beim Ziehen Flüssigkeit gebildet hat, diese hinzugeben. Das Kraut mit einem Baumwolltuch bedecken, einen Teller daraufstellen und gut beschweren. Den Behälter mit einem Küchentuch zudecken und bei Zimmertemperatur ziehen lassen. Spätestens nach 24 Stunden sollte das Kraut mit Sud bedeckt sein. Falls das nicht passiert ist, 1 TL Salz mit 250 ml Wasser verrühren und dazugeben. Alle 1–2 Tage überprüfen, ob sich Schaum gebildet hat, diesen abschöpfen und den Teller, mit dem das Kraut bedeckt ist, abspülen und wieder darauflegen. Das Kraut gärt, abhängig von der Zimmertemperatur, innerhalb von 10 Tagen bis 4 Wochen. Es ist fertig, wenn sich keine Blasen mehr bilden und es einen angenehm säuerlichen Geschmack angekommen hat. Nach 2 Wochen prüfen und wenn es noch zu mild ist, weiter gären lassen.

Sauerkraut gärt nach und nach. Der Geschmack wird mit der Zeit immer intensiver. Mit einer Grillzange oder einem großen Löffel eine Portion entnehmen und den Bottich wieder bedecken. Wenn zu viel entnommen wurde, die Reste in einem Behälter in den Kühlschrank stellen. Abhängig von der Temperatur schmeckt es von Portion zu Portion unterschiedlich. Nach einigen Wochen kann das Sauerkraut schal werden und an Geschmack verlieren, daher am besten innerhalb von 4 Wochen verbrauchen.

Alternativ das Sauerkraut in ausgekochte Einmachgläser füllen. Die geschlossenen Gläser in einem Wasserbad bei 100 °C 60 Minuten einkochen. So hält das Sauerkraut bis zu 1 Jahr.

EINGELEGTES GEMÜSE

MAN KANN FAST JEDES GEMÜSES EINLEGEN – WÄHLEN SIE ALSO FREI NACH GESCHMACK UND JAHRESZEIT. DABEI NICHT ZU VERGESSEN SIND GEMÜSE, DIE VIELLEICHT NICHT UNBEDINGT ZU DEN KLASSIKERN IM EINMACHGLAS ZÄHLEN, WIE FENCHEL ODER RETTICH.

Die Radieschen, Karotten, Brech-, Gartenbohnen und Okraschoten putzen und die Enden abschneiden. Die Selleriestangen in ca. 10 cm lange Stücke schneiden und die Radieschen halbieren. Das Gemüse in eine große feuerfeste Form füllen.

In einem kleinen Topf den Essig mit Zucker, Salz, Senfkörnern, Sternanis und Pfefferkörnern bei hoher Hitze zum Kochen bringen, dabei umrühren, damit sich der Zucker auflöst. Die heiße Essigmischung über das Gemüse gießen, sodass es gut bedeckt ist. Abkühlen lassen und dabei immer wieder umrühren. Zudecken und vor dem Servieren mindestens 2–4 Stunden in den Kühlschrank stellen. Das Gemüse hält bis zu 3 Wochen.

gemischtes Gemüse, wie Radieschen, Babykarotten, Brechbohnen, Gartenbohnen und/oder Okraschoten, je etwa 125 g

4 Selleriestangen

500 ml Weißweinessig

125 g Zucker

2 TL Meersalz

2 TL gelbe Senfkörner

1 Sternanis, in Stücke gebrochen

6 Pfefferkörner

ERGIBT CIRCA 625 G

GEBEIZTE LACHSHÄPPCHEN

DIESE UNKOMPLIZIERTE METHODE, FISCH EINZULEGEN, IST PERFEKT FÜR BESUCH – EINFACH EINIGE TAGE ZIEHEN LASSEN UND SIE ERHALTEN EIN GLAS KÖSTLICHER LACHSHÄPPCHEN. PERFEKT ALS TEIL VON SMÖRGÅSBORD MIT GEBUTTERTEM ROGGENBROT UND HAUSGEMACHTEM MEERRETTICH (SEITE 120).

500 g Wildlachsfilet, am besten vom dickeren Ende des Fisches

1 EL grobkörniges Salz

250 ml Haushaltsessig (5% Essigsäure)

60 g Zucker

1 EL gelbe Senfkörner

2 TL Einlegegewürz

1 Sternanis, in Stücke gebrochen

90 g Schalotten, in feinen Scheiben

½ Zitrone, in feinen Scheiben

ERGIBT 2 GLÄSER À 500 ML

Die Einmachgläser und Deckel auskochen und bereitstellen.

Den Lachs enthäuten, in 2 cm große Würfel schneiden und mit dem Salz in einer Schüssel vermischen. Zudecken und über Nacht in den Kühlschrank stellen.

In einem Topf 250 ml Wasser, Essig, Zucker, Senfkörner, Einlegegewürz und Sternanis bei hoher Hitze zum Kochen bringen. Auf mittlere bis niedrige Hitze reduzieren und die Mischung 5 Minuten köcheln lassen. In einen großen Messbecher gießen und vollständig abkühlen lassen.

Die Lachsstücke mit kaltem Wasser abspülen und trocken tupfen. Lachs, Schalotten und Zitronenscheiben in die Gläser schichten und den abgekühlten Essigsud darübergießen. Die Gläser verschließen und vorsichtig schütteln, damit sich die Gewürze gut verteilen. Vor dem Servieren mindestens 2 Tage kalt stellen. Der Lachs hält im Kühlschrank bis zu 2 Wochen.

KIMCHI

KIMCHI STEHT FÜR EINE GROSSE AUSWAHL AN KOREANISCHEN REZEPTEN FÜR EINGELEGTES GEMÜSE UND IST EINE KÖSTLICHE ZUTAT IN SUPPEN, SALATEN UND PFANNENGERICHTEN. HIER EINE ANGENEHM SCHARFE VARIANTE MIT KNACKIGEN RETTICHSTÜCKEN UND DER LEICHTEN SÜSSE DER NASHI-BIRNE.

Die Einmachgläser und Deckel auskochen und bereitstellen.

Etwa 2,5 cm vom unteren Ende des Kohls abschneiden und den Kohl der Länge nach vierteln. Die Viertel quer in ca. 2,5 cm breite Streifen schneiden, in eine große Schüssel mit kaltem Wasser tauchen und gut abtropfen lassen. Den Kohl mit dem Daikon-Rettich und dem Salz vermischen. Mit einigen Tellern gut beschweren und etwa 5 Stunden ziehen lassen. Anschließend kurz mit kaltem Wasser abspülen und gut abtropfen lassen.

Die Kohl-Rettich-Mischung mit den restlichen Zutaten in eine große Schüssel geben und gut vermischen, damit sich die Gewürze verteilen, und in die Gläser füllen.

Die Mischung fest andrücken und mit Frischhaltefolie bedecken. Bei Zimmertemperatur 1–4 Tage ziehen lassen. Täglich den Geschmack überprüfen und das Gemüse nach unten drücken, damit es gut mit Sud bedeckt ist. Wenn das Kimchi den gewünschten Geschmack hat, die Gläser verschließen und in den Kühlschrank stellen. Am besten innerhalb von 3 Wochen verbrauchen. Danach wird das Kimchi sauer und prickelt, ist aber noch genießbar und wird so traditionell mit Brühe verdünnt in Suppen verwendet.

1 kleiner Chinakohl (ca. 500 g)

250 g Daikon-Rettich, geschält, längs geviertelt und in 6 mm dicke Scheiben geschnitten

1 EL Meersalz

1 Nashi-Birne, geschält, entkernt und gewürfelt

45 g Frühlingszwiebeln, gehackt, mit den weichen grünen Enden

1 EL „Pul Biber“ oder rote Chiliflocken

1-2 EL mildes Chilipulver, z. B. New Mexican

2 TL Zucker

1 EL Fischsauce

1 EL Knoblauch, gehackt

1 EL frischer Ingwer, geschält und fein gehackt

ERGIBT 2 GLÄSER À 500 ML

EINGELEGTE COCKTAILZWIEBELN

DIE GLÄSER MIT DIESEN KLEINEN WEISSEN KUGELN SIND EIGENTLICH ZU SCHÖN, UM SIE ZU ÖFFNEN. WENN SIE ABER IN DIE ERSTE ZWIEBEL GEBISSEN HABEN, WERDEN SIE SIE NICHT NUR IN KLASSISCHEN COCKTAILS, SONDERN AUCH IN SALATEN, ALS ANTIPASTI UND ZU WÜRZIGEM KÄSE GENIESSEN WOLLEN.

750 g Perlzwiebeln

500 ml Malzessig (5% Essigsäure)

1 EL grobkörniges Salz, plus 1 TL

6 Lorbeerblätter

2 EL gelbe Senfkörner

2 EL Pfefferkörner

ERGIBT 6 GLÄSER À 250 ML

Die Einmachgläser und Deckel auskochen und bereitstellen.

Eine große Schüssel mit Eiswasser füllen und in einem großen Topf Wasser zum Kochen bringen. Die Zwiebeln hineingeben, 2 Minuten blanchieren, abgießen und im Eiswasser abschrecken. Mit den Fingern und einem Gemüsemesser schälen.

In einem großen Topf Essig, Salz und 500 ml Wasser bei mittlerer bis hoher Hitze unter Rühren zum Kochen bringen, das Salz soll sich dabei auflösen.

Währenddessen in jedes Glas ein Lorbeerblatt, 1 TL Senfkörner und 1 TL Pfefferkörner geben.

Die geschälten Zwiebeln in die Gläser füllen und 2 cm bis zum Rand frei lassen. Den heißen Essigsud in die Gläser schöpfen, dabei 1 cm bis zum Rand frei lassen.

Um Luftblasen zu entfernen, mit einer dünnen Nadel am Rand des Glases, zwischen Glas und Zwiebeln, vier oder fünf Mal entlangfahren, und bei Bedarf etwas Sud nachfüllen. Die Glasränder sauber wischen und die Gläser fest verschließen.

Vor dem Servieren die Zwiebeln mindestens ein paar Stunden in den Kühlschrank stellen, damit sich der Geschmack entfalten kann. So halten sie bis zu 3 Wochen.

BESCHWIPSTE COCKTAILGARNITUR

WARUM HOCHWERTIGE LIKÖRE UND AUSGEFALLENE GLÄSER VERWENDEN UND DANN DIE KREATIONEN MIT 08/15-DEKORATION VERSEHEN? WENN SIE IHRE COCKTAILS GERNE SELBST MISCHEN, MÜSSEN SIE EINFACH DIESE TOLLE COCKTAILDEKO AUSPROBIEREN UND IHRE DRINKS WERDEN ERSTRAHLEN.

125 g Perlzwiebeln

3 große Knoblauchknollen

250 g grüne Cherrytomaten

3 Zesten von 1 unbehandelten Zitrone, je 5 cm lang

375 ml Weißweinessig

375 ml weißer Vermouth

3 EL Zucker

1 EL getrocknete Kamillenblüten

1 EL Koriandersamen

1½ TL Meersalz,

1½ TL Fenchelsamen

3 Lorbeerblätter

ERGIBT 3 GLÄSER À 500 ML

Die Einmachgläser und Deckel auskochen und bereitstellen.

Von den Spitzen der Zwiebeln 6 mm und den unteren äußeren Ansatz wegschneiden, sodass der harte innere Strunk ganz bleibt und sie beim Kochen nicht auseinanderfallen. Die Knoblauchknollen auseinanderbrechen, die Zehen teilen und die äußere, papierartige Schale entfernen, aber die Zehen selbst nicht schälen. Die Stielansätze der Tomaten entfernen.

Eine große Schüssel mit Eiswasser füllen. In einem großen Topf Wasser zum Kochen bringen, Zwiebeln und Knoblauchzehen hineingeben und 2 Minuten blanchieren. Abgießen und das Gemüse im Eiswasser abschrecken. Mit den Fingern und einem Gemüsemesser schälen.

Zwiebeln, Knoblauch, Tomaten und Zitronenzesten gleichmäßig auf die Gläser verteilen, dabei 2,5 cm bis zum Rand frei lassen.

Essig, Vermouth, Zucker, Kamillenblüten, Koriandersamen, Salz, Fenchelsamen und Lorbeerblätter in einem Topf vermischen und bei hoher Hitze zum Kochen bringen, dabei umrühren, damit sich Zucker und Salz auflösen. Vom Herd nehmen und die Flüssigkeit bis 2,5 cm unter den Rand in die Gläser schöpfen.

Die Gläser ohne Deckel im Kühlschrank vollständig abkühlen lassen und dann gut verschließen. Gekühlt hält das Gemüse bis zu 1 Monat. Die Zwiebeln und der Knoblauch werden nach 1 Tag fertig sein, die Tomaten nach 1 Woche. Zum Servieren je eine Tomate, Knoblauchzehe und Zwiebel auf einen Zahnstocher oder kleinen Spieß stecken und zum Cocktail reichen.

TEQUILA-JALAPEÑO-ESCABECHE

EINGELEGTE JALAPEÑOS UND FEINE KAROTTENSCHEIBEN SIND DIE PERFEKTE DEKO FÜR COCKTAILS MIT TEQUILA, BLOODY MARYS UND MICHELADAS ODER AUCH KNACKIGE BEGLEITER ZU MEXIKANISCHEN GERICHTEN. FALLS SIE NICHT GERNE SCHARF ESSEN, EINFACH DIE SAMEN DER CHILIS ENTFERNEN.

Die Einmachgläser und Deckel auskochen und bereitstellen.

Die Stielansätze der Jalapeños abschneiden und die Schoten in 6 mm feine Ringe schneiden, dabei Handschuhe tragen. Für weniger Schärfe die Chilischoten der Länge nach halbieren, Samen und Scheidewände entfernen und in 6 mm feine Ringe schneiden.

Jalapeños, Karotten- und Knoblauchscheiben gleichmäßig auf die Gläser verteilen.

In einem Topf 180 ml Wasser, Essig, Zucker, Salz, Koriander-, Kreuzkümmelsamen, Oregano und Lorbeerblätter vermischen, bei mittlerer bis hoher Hitze zum Kochen bringen und 1 Minute köcheln lassen, dabei umrühren, damit sich Zucker und Salz auflösen. Vom Herd nehmen und den Tequila hinzufügen.

Die heiße Essigmischung in die Gläser füllen, dabei 2,5 cm unter dem Rand frei lassen. Die Gläser ohne Deckel im Kühlschrank vollständig abkühlen lassen und dann gut verschließen. Vor dem Servieren mindestens 1 Tag im Kühlschrank ziehen lassen, damit sich der Geschmack entfalten kann. Gekühlt hält das Escabeche bis zu 2 Monate.

315 g Jalapeños

1 große Karotte, geschält und in 6 mm dicken Scheiben

1 große Knoblauchzehe, in feinen Scheiben

180 ml neutraler Reisessig

2 EL Zucker

2 TL Meersalz

2 TL Koriandersamen

1 ½ TL Kreuzkümmelsamen

1 TL getrockneter mexikanischer Oregano (erhältlich im lateinamerikanischen Spezialitätengeschäft oder im Internet; alternativ Oregano)

2 Lorbeerblätter

125 ml Silver Tequila

ERGIBT 2 GLÄSER À 500 ML

EINGELEGTE SALZZITRONEN

EINGELEGTE ZITRONEN SIND AUS DEN SPEISEKAMMERN DES MITTLEREN OSTENS UND NORDAFRIKAS NICHT WEGZUDENKEN UND DER TRAUM JEDES ZITRONENLIEBHABERS. MIT HÜHNCHEN SCHMOREN ODER GEHACKT IN DIPS, VINAIGRETTES ODER NUDELGERICHTE MISCHEN. SCHMECKT AUCH MIT LIMETTEN.

Die Einmachgläser und Deckel auskochen und bereitstellen.

In einem großen Topf 3 l Wasser zum Kochen bringen. Inzwischen die Zitronen unter fließendem kalten Wasser abbürsten. Die Zitronen in den Topf geben, das Wasser wieder aufkochen lassen und 3–4 Minuten weich kochen. Die Zitronen mit einer Schaumkelle herausnehmen und abkühlen lassen.

Die Zitronen der Länge nach vierteln, dabei die Viertel am Ansatz nicht trennen. Die Zitronen vorsichtig auseinanderziehen und mit je 1 EL Salz füllen. In jedes Glas 1 EL Salz geben und die Früchte dicht hineinlegen. Mit Zitronensaft auffüllen, dabei 1 cm unter dem Rand frei lassen. Die Gläser gut verschließen.

Die eingelegten Zitronen 3 Wochen an einem kühlen, dunklen Ort ziehen lassen, dabei die Gläser gelegentlich umdrehen, damit sich Saft und Salz gleichmäßig verteilen. Anschließend in den Kühlschrank stellen, dort halten sie bis zu 6 Monate.

10 feste, noch leicht unreife unbehandelte Zitronen

12 EL grobkörniges Salz

750 ml frisch gepresster Zitronensaft, nach Belieben

ERGIBT 2 GLÄSER À 1 L

KLASSISCHE ORANGENMARMELADE

ORANGEN SIND KÖSTLICH, ABER AUCH BLUTORANGEN MIT IHREM SÜSSSAUREN SAFT UND DER LEICHT BITTEREN SCHALE SIND FÜR MARMELADE WUNDERBAR GEEIGNET. DIE ORANGEN MIT EINEM GEMÜSEHOBEL IN DÜNNE SCHEIBEN SCHNEIDEN. NICHT ZU LANGE KOCHEN, SONST SCHMECKT ES NACH KARAMELL.

1 kg unbehandelte Orangen

ca. 1½ kg Zucker, je nach Bedarf

500 ml frisch gepresster Orangensaft

125 ml frisch gepresster Zitronensaft

ERGIBT 7 GLÄSER À 250 ML

Die Einmachgläser und Deckel auskochen und bereitstellen. Zwei oder drei kleine Teller in den Tiefkühlschrank legen.

Den Blütenansatz abschneiden und die Orangen in möglichst feine Scheiben schneiden, am besten mit einem Gemüsehobel. Die Scheiben mit 2 l Wasser in einem großen Topf bei mittlerer bis hoher Hitze zum Kochen bringen. Unter Rühren 15 Minuten ohne Deckel köcheln lassen, vom Herd nehmen und leicht abkühlen lassen.

Die Orangenscheiben mit Flüssigkeit mit einem Messbecher abmessen. Zurück in den Topf geben und 185 g Zucker je 250 ml Orangenmischung hinzufügen. Orangen- und Zitronensaft einrühren und bei mittlerer bis hoher Hitze zum Kochen bringen, 10 Minuten stark kochen lassen. Auf mittlere Hitze reduzieren und 7–10 Minuten unter Rühren köcheln lassen, bis die Masse leicht eindickt und geliert. Vom Herd nehmen, 1 TL der Marmelade auf einen kalten Teller geben; wenn sie fest wird, ist die Marmelade fertig. Wenn nicht, ein paar Minuten weiterköcheln lassen und noch einmal prüfen.

Die heiße Marmelade bis 6 mm unter den Rand in die Gläser füllen. Um Luftblasen zu entfernen, mit einer dünnen Nadel am Rand des Glases, zwischen Glas und Marmelade, vier oder fünf Mal entlangfahren und bei Bedarf nachfüllen. Die Glasränder sauber wischen und die Gläser fest verschließen.

Die Marmelade hält im Kühlschrank bis zu 1 Monat.

EINGELEGTE FEIGEN

DIE SAFTIGE SÜSSE DER FEIGEN DOMINIERT DIESES EINFACHE REZEPT. SIE KÖNNEN JEDE SORTE VERWENDEN: FEIGEN MIT DUNKLER HAUT ERGEBEN EINEN VIOLETTEN SUD, GRÜNE EINEN HELLEN. EINE PRISE STERNANIS MACHT DIE FEIGEN WÜRZIGER. VIERTELN UND AUF CROSTINI MIT ZIEGENKÄSE SERVIEREN.

1½ kg Feigen, z. B. Adriatic oder Brown Turkey

1 kg Zucker

310 ml frisch gepresster Orangensaft

180 ml frisch gepresster Zitronensaft

Zesten von 1 unbehandelten Orange

ERGIBT 5 GLÄSER À 250 ML

Die Einmachgläser und Deckel auskochen und bereitstellen.

Die Stängel der Feigen entfernen, dabei den Ansatz stehen lassen. In einem großen Topf Zucker, Orangen- und Zitronensaft bei mittlerer bis hoher Hitze zum Kochen bringen, dabei rühren, damit sich der Zucker auflöst. Die Feigen dazugeben, auf mittlere Hitze reduzieren und unter gelegentlichem Rühren 5 Minuten köcheln lassen. Die Feigen mit einer Schaumkelle in eine Schüssel geben. Den Saft zusammen mit den Orangenzesten 2–3 Minuten ohne Deckel weiterköcheln lassen, bis sich die Flüssigkeit um ein Drittel reduziert hat. Die Feigen wieder dazugeben und 1 Minute erwärmen.

Mit der Schaumkelle die heißen Feigen gleichmäßig auf die Gläser verteilen. Den Sirup auf die Früchte schöpfen, dabei 6 mm bis zum Rand frei lassen. Um Luftblasen zu entfernen, mit einer dünnen Nadel am Rand des Glases, zwischen Glas und Feigen, vier oder fünf Mal entlangfahren und bei Bedarf Sirup nachfüllen. Die Glasränder sauber wischen und die Gläser fest verschließen.

Die Feigen halten im Kühlschrank bis zu 1 Monat.

BIRNEN-INGWER-KONFITÜRE

DIESE WINTERLICHE KONFITÜRE AM BESTEN ZUSAMMEN MIT LEBKUCHEN ODER VANILLEEIS GENIESSEN. BRAUNER ZUCKER VERLEIHT EINEN KARAMELL-GESCHMACK SIE KÖNNEN AUCH NORMALEN ZUCKER NEHMEN, WENN SIE JUNGEN FRISCHEN INGWER FÜR EINEN NOCH INTENSIVEREN GESCHMACK VERWENDEN.

1½ kg Birnen, z. B. Comice oder Warren; geschält, entkernt und in 1 cm große Würfel geschnitten

1 EL frisch geriebener Ingwer

200 g brauner Zucker

60 ml frisch gepresster Zitronensaft

1 EL kandierter Ingwer, fein gehackt (optional)

ERGIBT 5 GLÄSER À 250 ML

Die Einmachgläser und Deckel auskochen und bereitstellen.

In einer großen Schüssel Birnen, Ingwer, Zucker, Zitronensaft und, wenn verwendet, kandierten Ingwer vermischen und bei hoher Hitze zum Kochen bringen. Auf mittlere Hitze reduzieren und 10 Minuten ohne Deckel köcheln lassen, dabei häufig umrühren, bis die Flüssigkeit fast vollständig verdampft und die Masse dickflüssig ist.

Die heiße Konfitüre bis 6 mm unter den Rand in die Gläser füllen. Um Luftblasen zu entfernen, mit einer dünnen Nadel am Rand des Glases, zwischen Glas und Konfitüre, vier oder fünf Mal entlangfahren, und bei Bedarf Konfitüre nachfüllen. Die Glasränder sauber wischen und die Gläser fest verschließen.

Die Konfitüre hält im Kühlschrank bis zu 1 Monat.

ERDBEERKONFITÜRE

SCHMECKT ZUSAMMEN MIT AMARETTO-MANDELBUTTER (SEITE 69) AUF EINEM GUTEN STÜCK BROT KÖSTLICH. EINE LECKERE VARIANTE: 60 ML BALSAMICO-ESSIG HINZUFÜGEN UND DIE LETZTEN 3–4 MINUTEN MITKOCHEN LASSEN. NICHT ZU LANGE KOCHEN, SONST SCHMECKT DIE KONFITÜRE NACH KARAMELL.

In einer großen Schüssel Erdbeeren, Kirschen und Zucker vermischen. Zudecken und bei Zimmertemperatur 1–2 Stunden ziehen lassen.

Die Einmachgläser und Deckel auskochen und bereitstellen. Zwei oder drei kleine Teller in den Tiefkühlschrank legen.

Die Fruchtmischung in einer große Kasserolle mit dem Zitronensaft mischen und bei mittlerer bis hoher Hitze zum Kochen bringen. Die Hitze reduzieren und 10 Minuten ohne Deckel unter Rühren köcheln lassen. Vom Herd nehmen, 1 TL der Konfitüre auf einen kalten Teller geben; wenn sie fest wird, ist die Konfitüre fertig. Wenn nicht, ein paar Minuten weiterkochen lassen und noch einmal prüfen.

Die heiße Konfitüre bis 6 mm unter den Rand in die Gläser füllen. Um Luftblasen zu entfernen, mit einer dünnen Nadel am Rand des Glases, zwischen Glas und Konfitüre, vier oder fünf Mal entlangfahren, und bei Bedarf Konfitüre nachfüllen. Die Glasränder sauber wischen und die Gläser fest verschließen.

Die Konfitüre hält im Kühlschrank bis zu 1 Monat.

1 kg Erdbeeren, geputzt und halbiert

1 kg Kirschen, entsteint und grob gehackt

625 g Zucker

125 ml frisch gepresster Zitronensaft

ERGIBT 6 GLÄSER À 250 ML

SNACKS & HÄPPCHEN

KNUSPRIGE MASALA-KICHERERBSEN

DIESE KNUSPRIGEN KNABBEREIEN ERHALTEN IHREN EXOTISCHEN GESCHMACK VON DER SELBSTGEMACHTEN FÜNF-GEWÜRZE-MISCHUNG, DEM „PANCH PHORON". DIE MISCHUNG WIRD KLASSISCH IN DER NORDOSTINDISCHEN UND BENGALISCHEN KÜCHE VERWENDET. AM BESTEN NOCH WARM GENIESSEN.

Die Kreuzkümmel-, Fenchel-, Schwarzkümmel- und Bockshornkleesamen mit den Senfkörner ca. 3 Minuten in einer kleine Pfanne ohne Fett bei mittlerer bis niedriger Hitze unter Rühren rösten, bis die Gewürze beginnen, ihr Aroma zu entfalten. Auf einem Teller abkühlen lassen. Mit einem Mörser oder einer Gewürzmühle zu feinem Pulver mahlen. Salz und Cayennepfeffer dazugeben und gut vermischen.

Die Kichererbsen sorgfältig abtrocknen und einen großen Teller mit zwei Lagen Küchenpapier bereitstellen. Das Öl in einer großen Pfanne bei mittlerer Hitze erwärmen, bis Bläschen aufsteigen. Vorsichtig die Kichererbsen hineingeben (Achtung: Spritzgefahr) und ca. 8 Minuten frittieren, bis sie hellbraun und knusprig sind, dabei umrühren.

Die Kichererbsen mit einer Schaumkelle auf den Teller mit Küchenpapier geben und mit der Gewürzmischung bestreuen. Sofort servieren oder in eine luftdichten Dose füllen. Luftdicht verschlossen halten sie bei Zimmertemperatur bis zu 1 Woche. Vor dem Servieren im Backofen aufwärmen.

1 Prise Kreuzkümmelsamen

1 Prise Fenchelsamen

1 Prise Schwarzkümmelsamen

1 Prise Bockshornkleesamen

1 Prise gelbe Senfkörner

1 Prise Meersalz

1 kleine Prise Cayennepfeffer

125 ml Rapsöl

1 Dose Kichererbsen (400 g), abgetropft und gewaschen

ERGIBT 250 G; 4–6 PORTIONEN

KÄSECRACKER

DIE ZUBEREITUNG DIESER UNWIDERSTEHLICHEN SNACKS DAUERT NUR 5 MINUTEN UND SIE SCHMECKEN BESSER ALS IHRE IM GESCHÄFT GEKAUFTEN VERWANDTEN. IM KÜHLSCHRANK KANN DER TEIG GUT DURCHZIEHEN UND LÄSST SICH DANACH BESSER IN GLEICHMÄSSIGE RUNDE KREISE SCHNEIDEN.

250 g Comté oder Gruyère, gerieben

60 g Parmesan, gerieben

90 g Butter

155 g Mehl (Type 405)

1 Prise Cayennepfeffer

2-3 EL frischer Schnittlauch, gehackt

grobes Meersalz zum Bestreuen

ERGIBT 24-28 CRACKER

Mit einer Küchenmaschine oder einem Handrührgerät mit Knethaken Käse, Butter, Mehl und Cayennepfeffer 40–60 Sekunden zu einem glatten Teig verkneten. Zu einer Rolle mit ca. 5 cm Durchmesser und 15–18 cm Länge formen und in Frischhaltefolie wickeln. Mindestens 1 Stunde oder über Nacht in den Kühlschrank stellen.

Den Backofen auf 175 °C vorheizen. Die Teigrolle aus der Folie nehmen und in ca. 6 mm dünne Scheiben schneiden. In einem Abstand von etwa 5 cm auf zwei mit Backpapier ausgelegte Backbleche legen. Mit Schnittlauch und Salz bestreuen.

Die Bleche nacheinander 10–15 Minuten backen, bis die Cracker goldbraun sind. Nach der Hälfte der Zeit das Backblech umdrehen. Für knusprigere Cracker 3 Minuten länger backen, dabei darauf achten, dass sie nicht zu braun werden. Sofort servieren.

KOHLCHIPS

TOLL, WIE ETWAS SO GESUNDES WIE KOHL MIT ETWAS ÖL UND DURCH RÖSTEN ZUR KNABBEREI MIT SUCHTFAKTOR WERDEN KANN. FÜR EINEN BESONDEREN GESCHMACKSKICK GEBE ICH GERNE CURRYPULVER UND MALZESSIG HINZU, ABER DIE CHIPS SIND AUCH SO EIN GENUSS. AUCH SEHR GUT MIT WILDKOHL.

1 Bund Grünkohl (ca. 500g), z. B. Palmkohl

2 EL Natives Olivenöl Extra

2 TL Currypulver (optional)

1 EL Malzessig (optional)

½ TL Meersalz

ERGIBT CA. 500 G; 4 PORTIONEN

Den Backofen auf 150 °C vorheizen. Die Kohlblätter einzeln vom Strunk abtrennen, sie sollten möglichst groß bleiben. Mit kaltem Wasser gut waschen und mit einer Salatschleuder und Küchenpapier sorgfältig trocknen.

Die Kohlblätter in eine große Schüssel geben, Olivenöl darüberträufeln und mit den Händen gut einreiben. Nach Geschmack Currypulver oder Malzessig hinzugeben und vermischen.

Auf zwei mit Backpapier ausgelegte Backbleche einlagig verteilen, sie sollten so flach wie möglich liegen, und gleichmäßig mit Salz bestreuen. Möglicherweise sind mehrere Backvorgänge nötig.

Ein Blech auf der höchsten Schiene, ein Blech auf der untersten Schiene 10–12 Minuten backen, bis der Kohl knusprig und leicht braun ist. So kann die Luft dazwischen zirkulieren und die Kohlblätter werden gleichmäßig geröstet. Nach der Hälfte der Backzeit die Bleche drehen und von oben nach unten tauschen.

Die Chips schmecken frisch am besten. Reste in einer luftdichten Dose bei Zimmertemperatur bis zu 2 Tage lagern und vor dem Servieren 5 Minuten bei 120 °C knusprig backen.

GERÖSTETE SOJABOHNEN

DIE INSPIRATION ZU DIESEM SNACK STAMMT AUS THAILAND, WO MICH DER GERUCH VON FRITTIERTEN ERDNÜSSEN, CHILIS UND LIMETTENBLÄTTERN EINES STRASSENVERKÄUFERS BEGEISTERTE. DAS REZEPT IST ENDLOS VARIIERBAR: SOJABOHNEN, CASHEWKERNE, MANDELN – SIE KÖNNEN NICHTS FALSCH MACHEN.

Die Sojabohnen in einer großen Schüssel mit kaltem Wasser ca. 7 cm hoch bedecken und über Nacht einweichen. Am nächsten Tag die Bohnen abgießen, abspülen und mit Küchenpapier trocken tupfen.

Den Backofen auf 150 °C vorheizen und die Bohnen auf einem mit Backpapier ausgelegten Backblech verteilen.

Das Öl in einem kleinen Topf bei mittlerer bis hoher Hitze erhitzen. Kaffernlimettenblätter und Chilis ca. 1 Minute goldbraun anbraten und den Topf vom Herd nehmen. Limettenblätter und Chilis mit einer Gabel in eine kleine Schüssel geben.

Das Öl aus dem Topf über die Sojabohnen gießen und vermischen, sodass die Bohnen gleichmäßig mit Öl überzogen sind und etwa 1½ Stunden goldbraun und knusprig backen, dabei gelegentlich wenden. Während der letzten 15 Minuten darauf achten, dass die Bohnen nicht verbrennen.

Die Sojabohnen in eine Schüssel füllen. Die abgekühlten Limettenblätter und Chilis mit den Fingern in kleine Stücke reißen und über die Sojabohnen streuen. Mit ein paar Prisen Meersalz vermischen. Vor dem Servieren vollständig abkühlen lassen. Luftdicht verschlossen halten die Bohnen im Kühlschrank bis zu 2 Wochen.

375 g getrocknete Sojabohnen

2 EL Rapsöl

10 Kaffernlimettenblätter

4 getrocknete, ganze rote Chilis, am besten Árbol oder Thai

Meersalz

ERGIBT 375 G; 4–6 PORTIONEN

BUTTERMILCH-ZWIEBEL-CHIPS

DIE ZUBEREITUNG IST KINDERLEICHT: ZUERST DIE KARTOFFELSCHEIBEN IN DER MIKROWELLE TROCKNEN UND IHNEN ANSCHLIESSEND IM BACKOFEN DEN LETZTEN SCHLIFF GEBEN – SO WERDEN DIE CHIPS WUNDERBAR KNUSPRIG. BUTTERMILCHPULVER FINDEN SIE ONLINE.

1 TL Buttermilchpulver

½ TL Knoblauchpulver

1 Prise Zwiebelpulver

½ TL getrockneter Dill

½ TL Meersalz

½ TL Zucker

1 Kartoffel (mehligkochend)

Olivenöl, in einer Sprühflasche

ERGIBT 200 G; 4–6 PORTIONEN

Den Backofen auf 165 °C vorheizen. Einen großen, mikrowellengeeigneten Teller und zwei Backbleche mit Backpapier auslegen. In einer kleinen Schüssel Buttermilch-, Knoblauch-, Zwiebelpulver, Dill, Salz und Zucker gut vermischen und beiseitestellen.

Mit einem Gemüsehobel die Kartoffel in sehr dünne (ca. 2 mm) Scheiben schneiden, sie sollten fast durchsichtig sein. Die Kartoffelscheiben mit Küchenpapier trocken tupfen und nebeneinander in einer Schicht auf den mit Backpapier belegten Teller legen. In der Mikrowelle bei 600 Watt ca. 4 Minuten erhitzen, bis die Ränder beginnen, sich nach oben zu rollen, und die Scheiben trocken sind. Mit der unteren, feuchten Seite nach oben nebeneinander auf das Backblech legen. Mit den restlichen Kartoffeln wiederholen, gegebenenfalls das feuchte Backpapier auswechseln.

Ein Blech auf der höchsten, ein Blech auf der unterste Schiene 10 Minuten backen, bis die Scheiben goldbraun, trocken und knusprig (nicht mehr biegsam) sind. Nach der Hälfte der Backzeit die Bleche drehen und von unten nach oben tauschen. Eventuell brauchen einzelne Scheiben ein paar Minuten länger im Ofen. Wenn die Chips fertig sind, sofort in eine große Schüssel füllen und gleichmäßig mit Öl besprühen. Mit der Pulvermischung bestreuen und gut vermischen.

Am besten schmecken die Chips frisch. Reste halten luftdicht verschlossen bei Zimmertemperatur bis zu 1 Woche.

HAUSGEMACHTER RICOTTA

HIER ENTSTEHT LUFTIGER RICOTTA, DER SO GUT SCHMECKT, DASS MAN IHN AM LIEBSTEN WIE EIS LÖFFELN WÜRDE. ALTERNATIV DEN RICOTTA AUF EINEN TELLER GEBEN, MIT OLIVENÖL BETRÄUFELN, ZERSTOSSENE ROTE PFEFFERKÖRNER DARÜBERSTREUEN UND MIT GERÖSTETEM BROT SERVIEREN.

4 l Vollmilch

500 g Sahne

60 ml Haushaltsessig (5% Essigsäure)

1 TL grobkörniges Salz

ERGIBT 1 KG

Milch und Sahne in einem großen Topf bei mittlerer bis hoher Hitze erwärmen, aber nicht kochen. Dabei rühren, damit die Flüssigkeit nicht anbrennt. Kurz bevor die Milch kocht, bilden sich Schaum und Dampf. Die Temperatur überprüfen und bei knapp 85 °C vom Herd nehmen.

Den Essig hinzufügen und 30 Sekunden rühren, bis die Milch gerinnt. Das Salz hinzugeben und noch einmal 30 Sekunden rühren. Den Topf mit einem Geschirrtuch bedecken und bei Zimmertemperatur 2 Stunden stehen lassen.

Ein Sieb mit einem Passiertuch oder einem dünnen Geschirrtuch auslegen, dabei sollen die Enden über das Sieb hängen. Das Sieb über eine Schüssel legen, um den Sud aufzufangen. Mit einer Schaumkelle den Käse in das Sieb geben und ca. 30 Minuten abtropfen lassen.

Die Ecken des Tuchs zusammennehmen, drehen und die Flüssigkeit herauspressen. Wenn der Sud milchig wird und Käse durch das Tuch gedrückt wird, ist der Ricotta fertig.

Luftdicht verschließen und in den Kühlschrank stellen. Am besten frisch servieren, aber der Ricotta hält gekühlt bis zu 1 Woche.

EINGELEGTER LABNE

DIESE WÜRZIGEN, CREMIGEN KÄSEKUGELN WERDEN AUS GUT ABGETROPFTEM JOGHURT GEFORMT UND MIT ZATAR, EINER KRÄUTERMISCHUNG, ÜBERZOGEN. DEN TRADITIONELL ARABISCHEN AUFSTRICH AM BESTEN AUF WARMES PITABROT ODER BAGUETTE STREICHEN UND MIT EINGELEGTEN OLIVEN SERVIEREN.

Ein Passiertuch oder ein dünnes Geschirrtuch anfeuchten, auswringen und eine Schüssel damit auslegen, sodass die Enden über den Rand hängen. In einer zweiten Schüssel Joghurt und Salz vermischen. Die Mischung in die Mitte des Tuchs geben und die Enden mit Küchengarn fest zusammenbinden. Das Garn an einem Einlegeboden des Kühlschranks befestigen und eine Schüssel unter den Beutel mit dem Joghurt stellen. Alternativ das Garn an einem Kochlöffel befestigen und diesen auf den Rand einer Schüssel oder eines anderen Behälters legen, dabei darf das Tuch den Boden nicht berühren. Den Joghurt 48 Stunden im Kühlschrank hängen lassen, bis er die Konsistenz von sehr festem Frischkäse angenommen hat.

Auf einem kleinen Teller Zatar und Paprikapulver mischen. Den Joghurtbeutel aus dem Kühlschrank nehmen und öffnen. Mit leicht eingeölten Händen den Joghurt schnell zu kleinen Bällchen (mit ca. 2,5 cm ø) formen. Dabei die Masse vorsichtig berühren, damit der Joghurt nicht an den Händen kleben bleibt. Falls er noch zu feucht ist, die Masse noch einen Tag in den Kühlschrank hängen. Die Bällchen in der Gewürzmischung rollen und auf ein mit Backpapier ausgelegtes Backblech legen. Über Nacht offen kühl stellen, damit sie noch weiter trocknen.

Auf einer Platte mit etwas Olivenöl beträufelt servieren. Zur Lagerung 500 ml Öl in ein weites Einmachglas oder einen anderen Glasbehälter füllen, die Pfefferkörner hineingeben und die Bällchen vorsichtig hineingleiten lassen. Verschlossen und gekühlt halten sie bis zu 2 Monate. Vor dem Servieren auf Zimmertemperatur bringen. Das Gewürzöl kann als Brot-Dip oder zum Kochen verwendet werden.

1 kg Naturjoghurt (3,5 % Fett)

1 TL Meersalz

2 EL Zatar (orientalische Gewürzmischung)

1 TL edelsüßes Paprikapulver

ca. 500 ml Natives Olivenöl Extra zzgl. etwas zum Beträufeln

½ TL schwarze Pfefferkörner zur Lagerung

ERGIBT 25 BÄLLCHEN; 8 PORTIONEN ALS BROTAUFSTRICH

SESAM-MOHN-CRACKER

DIESE KNUSPRIGEN CRACKER KÖNNEN MIT VERSCHIEDENEN GEWÜRZEN UND KRÄUTERN VARIIERT WERDEN. SIE KÖNNEN DEN FERTIGEN TEIG AUSGEROLLT UND IN FRISCHHALTEFOLIE GEWICKELT BIS ZU 1 MONAT EINFRIEREN. DANN EINFACH DIE TEIGPLATTEN NOCH GEFROREN 20 MINUTEN BACKEN.

315 g Mehl zzgl. etwas für die Arbeitsfläche

2 TL Zucker

2 TL Salz

1 TL grob gemahlener Pfeffer

1 TL Mohnsamen

1 TL Sesamkörner

1 TL Senfkörner

1 EL Pflanzenmargarine (Zimmertemperatur)

1 EL kalte Butter

125 g Sahne, nach Bedarf mehr

ERGIBT CA. 30 KLEINE CRACKER

Mit einer Küchenmaschine oder einem Handrührgerät mit Knethaken Mehl, Zucker, Salz, Pfeffer, Mohnsamen, Sesamkörner und Senfkörner vermischen. Margarine und Butter dazugeben und 7–10 Minuten weiterkneten, bis die Masse grob krümelig ist (die Krümel sollen etwa erbsengroß sein). Die Sahne dazugeben und kurz kneten, bis eine grobe Masse entsteht.

Den Teig auf eine Arbeitsfläche geben und zusammendrücken. Falls sich der Teig nicht formen lässt, noch etwas Sahne hinzugeben. Zu einer Scheibe formen, in Frischhaltefolie wickeln und bei Zimmertemperatur 20 Minuten bis 1 Stunde ruhen lassen.

Den Backofen auf 180 °C vorheizen. Zwei Backbleche mit Backpapier auslegen.

Den Teig auf eine leicht bemehlte Arbeitsfläche legen und mit einem scharfen Messer halbieren. Eine Hälfte so dünn wie möglich zu einem Rechteck ausrollen, ohne dass der Teig reißt. Falls er klebt, mit etwas Mehl bestäuben. Auf ein Backblech legen und überstehende Ecken abschneiden. Vorgang mit der zweiten Hälfte des Teiges wiederholen. Alternativ mit einem Pizzaroller oder einem scharfen Messer den Teig nach Belieben in kleine Formen schneiden und auf das Blech legen.

Die Cracker nacheinander 12–15 Minuten backen, bis der Teig goldbraun und knusprig ist. Auf einem Gitter vollständig abkühlen lassen. Die Rechtecke in Stücke brechen. Die Cracker schmecken frisch am besten. Luftdicht verschlossen halten sie bei Zimmertemperatur bis zu 5 Tage.

VARIANTEN: Siehe Seite 154.

BEEF JERKY

LANGE BEVOR ES MODERNE KÜHLMÖGLICHKEITEN GAB, HAT MAN FLEISCH GETROCKNET, UM ES HALTBAR ZU MACHEN. BEEF JERKY IST VIELLEICHT DER EINFACHSTE WEG, UM FLEISCH ZU HAUSE ZU KONSERVIEREN. DAS ERGEBNIS SCHMECKT UND SIEHT BESSER AUS ALS BEEF JERKY AUS DEM GESCHÄFT.

Das Fleisch auf ein Backblech legen und 45 Minuten einfrieren, bis es fest genug ist, um es leicht in Scheiben zu schneiden. Mit einem langen, sehr scharfen Messer mit flexibler Klinge quer zur Faser in 3–6 mm dünne Scheiben schneiden.

In einem großen, reißfesten Plastikbeutel Sojasauce, Orangenbitter, eventuell Flüssigrauch, Chilisauce, Pfeffer, Knoblauch- und Zwiebelpulver vermischen. Das Fleisch portionsweise dazugeben und den Beutel gut kneten, damit die Fleischscheiben die Marinade gut aufnehmen. Möglichst viel Luft herausdrücken, verschließen und den Beutel 6–8 Stunden in den Kühlschrank legen. Alle 2 Stunden wenden, das Fleisch im Beutel verteilen und die Marinade weiter einmassieren. Anschließend die Fleischstücke in einem Sieb abtropfen lassen und gut mit Küchenpapier trocken tupfen.

Den Backofenboden sorgfältig mit Alufolie auslegen und an den Rändern hochziehen, damit die Flüssigkeit aufgefangen wird. Den Backofen auf 80 °C vorheizen. Die Ofenroste einfetten, das Fleisch mit ca. 6 mm Abstand darauflegen und 3–4 Stunden backen. Ein gefaltetes Geschirrtuch in die Ofentür legen, damit sie ca. 2,5 cm offen bleibt und die Feuchtigkeit entweichen kann. Nach 2 Stunden wenden und 1–2 Stunden weiter trocknen. Das Fleisch sollte fest und trocken, aber noch flexibel sein.

Das Beef Jerky in einem wiederverschließbaren Plastikbeutel im Kühlschrank lagern. Da die Mitte des Fleischs langsamer trocknet als die Ränder, kann es sein, dass sich nach ein paar Tagen feuchte Stellen bilden. Wenn das der Fall ist, den Beutel öffnen und das Fleisch in der Sonne noch einmal ca. 1 Stunde trocknen. Das Beef Jerky hält bis zu 6 Wochen.

1½ kg Rumpsteak, äußeres Fett entfernt

160 ml Sojasauce

80 ml Angosturabitter oder ein anderer Orangenbitter

2 TL Flüssigrauch (optional)

1-2 TL scharfe Chilisauce

1 TL frisch gemahlener Pfeffer

1 TL Knoblauchpulver

1 TL Zwiebelpulver

Pflanzenöl zum Einfetten

ERGIBT CA. 500 G

GERÄUCHERTER SPECK

EIN GASGRILL, RÄUCHERSPÄNE UND EINE ALUGRILLSCHALE BRINGEN SIE IN DEN SIEBTEN SPECK-HIMMEL. DAMIT DER SPECK HALTBAR WIRD UND SEINE CHARAKTERISTISCHE ROSA FARBE BEKOMMT, REIBT MAN DAS FLEISCH MIT PÖKELSALZ EIN, DAS SIE IN SPEZIALGESCHÄFTEN ODER ONLINE ERHALTEN.

- **3 EL brauner Zucker**
- **1 EL Knoblauch, fein gehackt**
- **5 TL grobkörniges Salz**
- **2 EL grob gemahlener schwarzer Pfeffer**
- **1 TL gemahlener Zimt**
- **35 g Nitritpökelsalz**
- **½ TL gemahlene Nelken**
- **1¼ kg Schweinebauch, am Stück**
- **550 g Apfel- oder Ahornholz-Räucherspäne**
- **1 Einweg-Alugrillschale (30 x 25 cm)**

ERGIBT CA. 1,1 KG

In einer kleinen Schüssel Zucker, Knoblauch, Salz, Pfeffer, Zimt, Pökelsalz und Nelken vermischen. Das Fleisch mit dieser Mischung gleichmäßig einreiben, in einen wiederverschließbaren Plastikbeutel geben und 7 Tage in den Kühlschrank legen, täglich wenden, damit das Fleisch gut mariniert wird.

Die Gewürze herunterkratzen, das Fleisch abspülen, trocken tupfen und in die Alugrillschale legen. Den Grill einschalten und während er aufheizt, das Fleisch bei Zimmertemperatur stehen lassen.

Drei bis vier große Handvoll Holzchips in eine Smoker Box geben. Alternativ Alufolie doppellagig zu einem Paket formen, die Chips hineingeben und fest verschließen. Damit der Rauch abziehen kann, fünf Löcher in die Folie bohren.

Die Smoking Box oder das Folienpaket direkt auf eine der Abdeckungen des Gasgrills legen. Den Grill auf leichte, indirekte Hitze (eine Flamme an, eine Flamme aus) einstellen, sodass er 95 °C heiß bleibt. Wenn die Holzchips beginnen zu schwelen, die Grillschale auf einem Grillrost auf die kühle Seite des Grill stellen. 1 l warmes Wasser in die Schale gießen und den Deckel des Grills schließen. Das Fleisch 2–2 ½ Stunden räuchern, bis das Bratenthermometer an der dicksten Stelle 65 °C anzeigt. Möglicherweise muss der Deckel des Grills gelegentlich geöffnet werden, damit die Temperatur bei ca. 95 °C bleibt. Wenn der Grill heißer als 110 °C wird, beginnt das Fett zu schmelzen und das Fleisch wird nicht geräuchert, sondern gekocht.

Anschließend den Speck in den Kühlschrank geben, vollständig abkühlen lassen und in Scheiben schneiden. In einem wiederverschließbaren Plastikbeutel bis zu 2 Wochen im Kühlschrank oder bis zu 3 Monate im Tiefkühlschrank lagern.

GRÜNTEE-RÄUCHERFORELLE

MAN BRAUCHT KEINEN TEUREN RÄUCHEROFEN, UM FISCH SELBST ZU RÄUCHERN. EIN EDELSTAHL-WOK, EIN RUNDES KUCHENGITTER UND EIN HERD REICHEN VÖLLIG AUS. DURCH EINE MISCHUNG AUS JASMINREIS UND GRÜNTEEBLÄTTERN ERHÄLT DER FISCH EINE LEICHTE KRÄUTERNOTE.

1 Forelle (375–440 g), ausgenommen

1 TL Meersalz

1 Prise frisch gemahlener Pfeffer

2 EL brauner Zucker

50 g Jasminreis

1 TL Grünteeblätter

ERGIBT 2 FILETS; 4–6 PORTIONEN MIT CRACKERN

Von der Forelle den Kopf abschneiden. Den Fisch auf der Bauchseite von unten bis oben aufschneiden und auseinanderklappen, dabei die Mittelgräte an den Filets lassen. Auf der Seite ohne Haut mit Meersalz, Pfeffer und 1 EL Zucker einreiben und 10 Minuten beiseitestellen.

Ein rundes Edelstahl-Gitter in den Wok (keinen beschichteten Wok verwenden) legen, sodass der Abstand zwischen Gitter und Wokboden mindestens 5 cm beträgt und wieder herausnehmen. Die Filets mit Küchenpapier trocken tupfen und mit der Hautseite nach unten auf das Gitter legen. Den Wok mit Alufolie auslegen, sodass die Folie mindestens 10 cm über den Rand reicht. Ein zweites, gleich langes Stück Alufolie im 90°-Winkel auf die erste Lage geben. Reis und Tee im Wok vermischen, aufhäufen und mit dem restlichen Zucker bestreuen. Einen kleinen Kreis aus Alufolie über die Reismischung legen, sodass eine Barriere zwischen Fisch und Reis entsteht. Das verhindert, dass der Fisch zu stark nach Rauch schmeckt.

Die Dunstabzugshaube einschalten oder ein Fenster öffnen. Den Wok mit einem gewölbten Deckel verschließen und bei mittlerer Hitze erwärmen. Wenn die Reismischung beginnt zu schwelen (nach ca. 4 Minuten), das Gitter mit dem Fisch hineinlegen, zudecken, die Folienenden über den Deckel klappen und gut verschließen, damit der Rauch im Wok bleibt.

Auf niedrige Hitze reduzieren und den Fisch 15 Minuten räuchern. Den Deckel abnehmen und in den dicksten Teil des Fisches schneiden; er sollte saftig, aber nicht mehr durchsichtig sein. Wenn er noch nicht gar ist, ein paar Minuten länger räuchern.

Die Filets auf einen Teller legen und vorsichtig entgräten. Warm servieren oder offen in den Kühlschrank legen. Wenn die Filets abgekühlt sind, halten sie luftdicht verschlossen bis zu 1 Woche.

GEBEIZTER LACHS MIT AQUAVIT & DILL

GEBEIZTER LACHS WIRD MIT ZUCKER, SALZ UND IN DIESEM FALL AQUAVIT, EINEM KÜMMELSCHNAPS, MEHRERE TAGE MARINIERT. DER LACHS SCHMECKT HERVORRAGEND AUF BROT, IN RÜHREI UND SALATEN, ZUSAMMEN MIT ZITRONE IN NUDELGERICHTEN ODER ALS FEINE APPETITHÄPPCHEN.

500 g Wildlachsfilet mit Haut (siehe Notiz)

2 EL Aquavit

3 EL Meersalz

3 EL Zucker

1 TL grob gemahlener weißer Pfeffer

20 g frischer Dill, grob gehackt

ERGIBT 375 G GEBEIZTEN LACHS; 6–8 PORTIONEN

Notiz: Da gebeizter Lachs roh gegessen wird, kaufen Sie den Fisch am besten aus nachhaltiger, zertifizierter Fischerei und achten Sie darauf, dass der Fisch vor dem Kauf 7 Tage bei –20 °C gelagert wurde. Das Tiefkühlen ist wichtig, damit Bakterien abgetötet werden.

Den Lachs mit der Hautseite nach unten auf ein Schneidebrett legen. Mit einer Fischgrätenpinzette oder einer Nadelzange die Gräten herausziehen, dabei in die Richtung ziehen, in der die Gräte liegt. Das Filet mit einem scharfen Messer quer halbieren.

Den Lachs auf der Seite ohne Haut gleichmäßig mit Aquavit beträufeln und mit Salz, Zucker und Pfeffer bestreuen. Den Dill auf einer Filethälfte verteilen und das andere Stück mit der Hautseite nach oben darauflegen. Den Lachs mit Frischhaltefolie fest einwickeln und auf einen großen Teller mit Rand legen. Mit einem sauberen Schneidebrett oder Tellern beschweren und 2–3 Tage im Kühlschrank ziehen lassen, dabei ein bis zwei Mal wenden, damit sich die Flüssigkeit gut verteilt.

Den Lachs aus der Folie nehmen und die Marinade und den Sud leicht abtupfen. Zum Servieren das Filet mit einem scharfen, dünnen Messer im 45°-Winkel in sehr dünne Scheiben schneiden und die Haut dabei ablösen. Den Rest wieder in Frischhaltefolie wickeln und bis zu 5 Tage im Kühlschrank oder bis zu 3 Monate im Tiefkühlschrank lagern.

SÜSSES & AUFSTRICHE

AMARETTO-MANDELBUTTER

DIESE BESONDERS REICHHALTIGE MANDELBUTTER MIT VANILLEAROMA SCHMECKT HIMMLISCH AUF APFELSPALTEN, GETOASTETEM BRIOCHE ODER SELBSTGEMACHTEN GRAHAM CRACKERN (SEITE 84). WARUM NICHT DIE MENGE VERDOPPELN, EINE SCHLEIFE UM EINIGE GLÄSER BINDEN UND VERSCHENKEN?

345 g ganze Mandeln

60 g brauner Zucker

1 EL Kokosfett

1 Prise Meersalz

1 Vanilleschote

ERGIBT 300 G

Den Backofen auf 180 °C vorheizen. Die Mandeln auf ein Backblech geben und ca. 10 Minuten rösten, zwischendurch ein Mal wenden. Auf Zimmertemperatur abkühlen lassen.

In einer Küchenmaschine oder einem Standmixer die Mandeln mit Zucker, Kokosfett und Salz ca. 30 Sekunden grob mahlen. Mit einem scharfen Messer die Vanilleschote längs aufschlitzen, das Mark herauskratzen und in die Mandelmischung geben. Die Mischung 4–5 Minuten mixen, bis sie cremig und glatt ist.

Die Mandelbutter hält luftdicht verschlossen bei Zimmertemperatur bis zu 2 Wochen oder im Tiefkühlschrank bis zu 2 Monate (vor dem Servieren auf Zimmertemperatur bringen).

KLASSISCHES APFELKRAUT

TRADITIONELLE REZEPTE WIE DIESES PASSEN PERFEKT IN DIE APFELERNTEZEIT. WÄHREND DIE APFELMISCHUNG LANGSAM EINKOCHT, KARAMELLISIERT DER ZUCKER UND DAS KRAUT NIMMT EINE GOLDBRAUNE FARBE AN. DABEI IMMER EIN AUGE AUF DEN TOPF HABEN, DAMIT NICHTS ANBRENNT.

2 kg süße Äpfel, z. B. Fuji, Gala, Empire oder Pink Lady

375 ml Apfelcider

frisch gepresster Saft von 1 Zitrone

500 g Zucker

2 TL gemahlener Zimt

½ TL gemahlene Nelken

ERGIBT 5 GLÄSER À 250 ML

Die Einmachgläser und Deckel auskochen und bereitstellen.

Die Äpfel schälen, vierteln und entkernen. In einem großen Topf Cider, Zitronensaft und 125 ml Wasser mit den Apfelvierteln vermischen und bei mittlerer bis hoher Hitze zum Kochen bringen. Auf niedrige Hitze reduzieren und die Mischung zugedeckt ca. 30 Minuten köcheln lassen, bis die Äpfel weich sind. Dabei gelegentlich umrühren.

Die Äpfel mit einem Standmixer oder Pürierstab glatt pürieren. Zucker, Zimt und Nelken dazugeben und im Topf bei niedriger bis mittlerer Hitze ca. 1 Stunde offen köcheln lassen, bis die Mischung eingedickt ist. Dabei gelegentlich umrühren und, wenn nötig, die Masse von den Rändern nach unten schieben.

Das heiße Apfelkraut in die Gläser schöpfen, dabei 6 mm bis zum Rand frei lassen. Um Luftblasen zu entfernen, mit einer dünnen Nadel am Rand des Glases, zwischen Glas und Kraut, vier oder fünf Mal entlangfahren, und bei Bedarf Apfelkraut nachfüllen. Die Glasränder sauber wischen und die Gläser fest verschließen.

Das Apfelkraut hält im Kühlschrank bis zu 2 Monate.

KARAMELLISIERTES KÜRBISMUS

GEKAUFTE VARIANTEN DIESER HERBSTLICHEN LECKEREI SIND OFT SEHR SÜSS UND TEUER. HIER WIRD DER KÖSTLICHE GESCHMACK VON GERÖSTETEM KÜRBIS MIT CHAI-GEWÜRZEN UND EINEM GUTEN SCHUSS RUM INTENSIVIERT. BESONDERS LECKER AUF PFANNKUCHEN ODER MIT VANILLEEIS GEMIXT.

1 kleiner Kürbis (ca. 2 kg), z. B. Hokkaido oder Butternuss

1 EL Rapsöl

½ TL Meersalz

85 g Ahornsirup (Grad A)

185 g brauner Zucker

2 EL Jamaika-Rum

1 TL gemahlener Zimt

1 Prise frisch geriebene Muskatnuss

1 Prise gemahlener Kardamom

ERGIBT 900 G

Den Backofen auf 220 °C vorheizen und ein Backblech mit Backpapier auslegen.

Den Kürbis halbieren und die Samen und Fäden entfernen. In Scheiben schneiden, mit einem scharfen Sparschäler schälen und in ca. 5 cm große Stücke schneiden. Auf das Backblech legen, mit Öl beträufeln, Salz darüberstreuen und alles gut vermischen. Die Kürbisstücke gleichmäßig auf dem Blech verteilen.

Den Kürbis 25–30 Minuten backen, bis er weich ist (mit einer Gabel die Garprobe machen). Den Ahornsirup darübergießen und alles gut vermischen. Weitere 15–20 Minuten backen, bis die Kürbisstücke leicht karamellisiert und sehr weich sind.

Den Kürbis ca. 15 Minuten abkühlen lassen und anschließend pürieren (es sollte ca. 1 kg ergeben). In einem großen Topf mit Zucker, Rum, Zimt, Muskatnuss und Kardamom bei niedriger bis mittlerer Hitze leicht köcheln lassen. Die Hitze reduzieren und 30–40 Minuten unter gelegentlichem Rühren kochen, bis die Mischung sehr dick ist.

In verschließbare Behälter füllen und offen abkühlen lassen. Verschließen und bis zu 1 Monat im Kühlschrank oder bis zu 3 Monate im Tiefkühlschrank lagern.

SCHOKO-NUSS-AUFSTRICH

ANDERS ALS BEIM PRODUKT AUS DEM SUPERMARKT, BEI DEM ZUCKER UND PALMÖL DIE HAUPTZUTATEN SIND, BESTEHT DIESES NATURPRODUKT HAUPTSÄCHLICH AUS GERÖSTETEN HASELNÜSSEN UND KAKAOPULVER. KÖSTLICH AUF CRÊPES, TOAST ODER GESCHMOLZEN ALS SAUCE ZU EIS.

150 g ganze Haselnusskerne

3 EL Haselnuss- oder Walnussöl

1 TL Vanillearoma

65 g Puderzucker

20 g ungesüßtes Kakaopulver

1 Prise Salz

ERGIBT 300 G

Den Backofen auf 180 °C vorheizen. Die Haselnusskerne auf einem Backblech verteilen und ca. 15 Minuten rösten, bis sie goldbraun sind und die Schale beginnt, sich abzulösen. Die noch warmen Haselnusskerne zwischen den Handflächen reiben und so die Schale entfernen, dabei kann etwas Schale an den Kernen bleiben.

Mit einer Küchenmaschine oder einem Standmixer ca. 3 Minuten hacken, bis eine halbflüssige Paste entsteht. Mit Öl und Vanillearoma zu einer geschmeidigen Masse verarbeiten und in eine Schüssel füllen.

Zucker, Kakaopulver und Salz in die Nussmischung sieben und mit einem Gummispatel verrühren.

Der Aufstrich hält luftdicht verschlossen bei Zimmertemperatur bis zu 1 Woche oder tiefgekühlt bis zu 1 Monat.

BIRNENMUS MIT KARDAMOM

DIESER SÜSSE AUFSTRICH MIT EINER SPUR KARDAMOM IST BESONDERS CREMIG UND EINFACH KÖSTLICH. ORANGENSAFT UND ZITRUSZESTEN GLEICHEN DIE SÜSSE DER BIRNEN AUS. GENIESSEN SIE DAS MUS MORGENS AUF GETOASTETEM BRIOCHE ODER SÜSSSAUER MIT WÜRZIGEM SCHAFSKÄSE ODER SCHIMMELKÄSE.

2 kg Birnen, am besten Williams Christ

2 EL frisch gepresster Zitronensaft

375 g Zucker

60 ml frisch gepresster Orangensaft

2 Zesten von 1 unbehandelten Orange, je ca. 2,5 cm breit und 10 cm lang, mit je 2 Nelken bespickt

2 Zesten von 1 unbehandelten Zitrone, je ca. 1 cm breit und 2,5 cm lang

1 TL gemahlener Kardamom

½ TL Vanillearoma

ERGIBT 6 GLÄSER À 250 ML

Die Einmachgläser und Deckel auskochen und bereitstellen.

Die Birnen vierteln und entkernen. In einem großen Topf mit Zitronensaft und 125 ml Wasser vermischen und bei hoher Hitze zum Kochen bringen. Auf mittlere bis niedrige Hitze reduzieren, zudecken und ca. 20 Minuten köcheln lassen, bis die Birnen weich sind, dabei ein bis zwei Mal umrühren. Vom Herd nehmen und leicht abkühlen lassen.

Die Mischung portionsweise durch eine Flotte Lotte mit feinem Sieb in eine Schüssel passieren. Mit einer Küchenmaschine oder einem Pürierstab fein pürieren und zurück in den Topf geben. Zucker, Orangensaft, Orangen- und Zitronenzesten zusammen mit dem Kardamom und Vanillearoma hinzugeben. Bei mittlerer bis hoher Hitze zum Kochen bringen, auf mittlere Hitze reduzieren und offen ca. 1 Stunde köcheln lassen, bis die Mischung dick ist. Dabei gelegentlich umrühren und wenn nötig die Masse von den Rändern nach unten schieben. Die Zesten entfernen.

Das heiße Mus gleichmäßig auf die Gläser verteilen, dabei 6 mm bis zum Rand frei lassen. Um Luftblasen zu entfernen, mit einer dünnen Nadel am Rand des Glases, zwischen Glas und Mus, vier oder fünf Mal entlangfahren, und bei Bedarf Mus nachfüllen. Die Glasränder sauber wischen und die Gläser fest verschließen.

Das Birnenmus hält im Kühlschrank bis zu 2 Monate.

LEMON CURD

DIESE BESONDERS ZITRONIGE CREME IST GLEICHZEITIG SAUER UND SÜSS. LEMON CURD BIETET SICH ALS WUNDERBARER BELAG FÜR KUCHEN UND ALS FÜLLUNG ZWISCHEN TORTENBÖDEN ODER DOPPELKEKSE AN, ODER SIE STREICHEN IHN AUF TEEGEBÄCK.

Zucker, Eier und Eigelbe in einer Schüssel schaumig rühren. Die Butter mit dem Zitronensaft in einem Topf bei niedriger Hitze unter Rühren erwärmen, bis die Butter geschmolzen ist. Die Eiermischung zur Butter geben und unter ständigem Rühren ca. 5 Minuten kochen, bis die Masse eingedickt ist und auf der flachen Seite eines Holzlöffels haften bleibt.

Vom Herd nehmen und in einen kleinen Behälter füllen. Mit Frischhaltefolie zudecken, dabei die Folie direkt auf die Oberfläche legen und in den Kühlschrank stellen. Vor dem Servieren auf Zimmertemperatur bringen und die Zitronenschale einrühren. Das Lemon Curd hält im Kühlschrank bis zu 1 Woche.

185 g Zucker

2 große Eier, plus 4 große Eigelb

125 g kalte Butter, in kleinen Stücken

125 ml frisch gepresster Zitronensaft

2 TL Zitronenschale

ERGIBT 375 G

MEMBRILLO

DAS ROSIGE QUITTENGELEE WIRD TRADITIONELL AUF MANCHEGO-KÄSE SERVIERT. IM GESCHÄFT IST ES TEUER, ABER MAN KANN ES AUCH EINFACH IM SCHONGARER SELBST MACHEN. IM SPÄTHERBST UND FRÜHEN WINTER NACH QUITTEN IM SUPERMARKT ODER AUF DEM BAUERNMARKT AUSSCHAU HALTEN.

4 große Quitten (ca. 1½ kg)

1 unbehandelte Zitrone

1 kg Zucker

ERGIBT 8–10 PLATTEN; JE 10 PORTIONEN

Die Quitten schälen, vierteln, entkernen und in ca. 5 cm große Stücke schneiden. In einen großen Topf füllen und mit kaltem Wasser bedecken. Mit einem Sparschäler eine 10 cm lange Zeste von der Zitrone schälen und zu den Quitten geben. Bei mittlerer bis hoher Hitze zum Kochen bringen, zudecken, auf niedrige Hitze reduzieren und 15–30 Minuten köcheln lassen, bis die Quitten sehr weich sind (mit einer Gabel die Garprobe machen), sie sollen aber nicht auseinanderfallen. Die Kochdauer hängt von der Reife der Quitten ab.

Die Quitten abgießen und durch eine Flotte Lotte mit mittelfeinem Sieb oder mit einer Küchenmaschine fein passieren. Das Püree abwiegen und 2,1 kg der Masse weiterverwenden.

Die Zitrone auspressen und den Saft zusammen mit dem Quittenpüree und dem Zucker in einen Schongarer (6,5 l Fassungsvermögen) füllen. Mit Deckel 3 Stunden bei hoher Hitze kochen, dabei jede halbe Stunde umrühren, bis das Püree rosig und eingedickt ist.

Offen ca. 1 Stunde weiterkochen, bis die Masse sehr dick ist. Mit einem Holzlöffel über den Topfboden streichen, der Boden sollte für einen Moment sichtbar bleiben. Zur Probe eine kleine Menge auf einen Teller geben und 10 Minuten in den Kühlschrank stellen – wenn sie fest wird, ist das Membrillo fertig.

Ein Backblech (23 x 33 cm) mit Backpapier auslegen. Die heiße Quittenmischung daraufgießen und die Oberfläche mit einem Spatel glätten. Auf Zimmertemperatur abkühlen lassen und 4 Stunden oder über Nacht ohne Deckel im Kühlschrank fest werden lassen.

In 8–10 dicke Scheiben schneiden und einzeln in Frischhaltefolie wickeln. Im Kühlschrank bis zu 1 Monat, im Tiefkühlschrank maximal 3 Monate lagern.

APFELKOMPOTT

DIESE KINDHEITSLECKEREI, DIE IHR ZUHAUSE MIT DEM ANGENEHM SÜSSEN GERUCH GEKOCHTER ÄPFEL ERFÜLLEN WIRD, IST MIT ZIMT BESTREUT EIN KÖSTLICHER SNACK UND HERRLICH ZU SCHWEINEBRATEN. MAN KANN AUCH ETWAS KOMPOTT IN KUCHENTEIG MISCHEN, DAMIT ER SAFTIGER WIRD.

4 Äpfel, z. B. Fuji oder Braeburn

60 g Zucker

2 TL frisch gepresster Zitronensaft

1 Prise grobkörniges Salz

ERGIBT 4–6 PORTIONEN

Die Äpfel schälen, vierteln, entkernen und grob würfeln. Sie sollten etwa 500 g ergeben. In einem Topf die Äpfel mit Zucker, Zitronensaft, Salz und 60 ml Wasser gut verrühren. Bei mittlerer bis hoher Hitze zum Kochen bringen, die Hitze reduzieren, zudecken und ca. 30 Minuten köcheln lassen, bis die Apfelstücke weich sind. Falls die Äpfel austrocknen, bevor sie weich gekocht sind, etwas Wasser hinzugeben.

Den Deckel abnehmen und die Äpfel mit einem Holzlöffel oder Spatel leicht zerdrücken. Offen weitere 5 Minuten einkochen lassen. Vom Herd nehmen und das Apfelkompott warm oder kalt servieren.

VARIANTEN: Eine Mischung aus 2 Birnen und 2 Äpfeln oder nur Birnen verwenden oder mit einer Prise Zimt abschmecken. Alternativ mit 30 g frischen Cranberrys verfeinern, dabei 250 g Zucker verwenden, um die Säure auszugleichen. Für eine pikante Variante (z. B. zu Fleisch) ½ TL gehackten frischen Thymian hinzufügen und mit Salz und frisch gemahlenem Pfeffer abschmecken.

ENERGIERIEGEL

DIESE HAUSGEMACHTEN ENERGIERIEGEL SIND, ANDERS ALS IHRE ABGEPACKTEN, KÜNSTLICHEN VERWANDTEN AUS DEM GESCHÄFT, EINFACH NUR KÖSTLICH. VOLLGEPACKT MIT GERÖSTETEN NÜSSEN, GETROCKNETEN FRÜCHTEN UND GEWÜRZEN SIND SIE WERTVOLLE NAHRUNG, DIE SIE STUNDENLANG SATT MACHT.

75 g blanchierte Mandelsplitter

60 g Walnusskerne

20 g kernige Haferflocken

60 g getrocknete Äpfel, gehackt

90 g Medjool-Datteln, entkernt

1 TL Vanillearoma

1 TL Zitronenschale

1 ½ TL gemahlener Zimt

½ TL frisch geriebene Muskatnuss

1 Prise Salz

ERGIBT 8 RIEGEL

Den Backofen auf 180 °C vorheizen. Mandeln, Walnusskerne und Haferflocken auf einem Backblech verteilen und ca. 8 Minuten goldbraun rösten. Vollständig abkühlen lassen.

Äpfel, Datteln, Vanille und Zitronenschale in einem Standmixer oder einer Küchenmaschine ca. 1 Minute hacken, bis sich die Masse zu einer Kugel formt. Die geröstete Haferflocken-Nuss-Mischung zusammen mit Zimt, Muskatnuss und Salz hinzugeben und ca. 2 Minuten weiterhacken, bis die Nüsse fein gemahlen sind und man die Mischung mit den Fingern zu feuchten Krümeln zusammendrücken kann.

Eine Kastenform (23 x 13 cm) mit Frischhaltefolie auslegen und an den Rändern überhängen lassen. Die Mischung hineingeben, festdrücken und mit den überhängenden Enden bedecken. Im Kühlschrank 2 Stunden fest werden lassen.

Mithilfe der Folie die Masse aus der Form heben, in acht Riegel schneiden und einzeln in Frischhaltefolie wickeln. Im Kühlschrank halten die Energieriegel bis zu 1 Monat.

SCHOKOKIRSCH-MANDELRIEGEL: Die Haferflocken weglassen, dafür 155 g blanchierte Mandelsplitter verwenden und 45 g Zartbitterschokolade (in Stücken) zusammen mit den Nüssen mahlen. Mandelaroma statt Vanillearoma und getrocknete Kirschen statt Äpfel nehmen.

KAROTTENKUCHEN-RIEGEL: Die getrockneten Äpfel weglassen, dafür 30 g Haferflocken und 60 g ungesüßte Kokosflocken verwenden und mit den Nüssen rösten. 235 g Datteln und 60 g grob geriebene Karotten (mit Küchenpapier ausgedrückt) nehmen und die Zitronenschale durch 1 ½ TL Orangenschale ersetzen.

MÜSLI X 3

MÜSLI WIRD OFT NACHGESAGT, DASS ES ZU SÜSS IST, NACH NICHTS SCHMECKT ODER NACH WOCHEN IM SUPERMARKTREGAL ALT IST. HIER SIND DREI EINFACHE REZEPTE, VOLL MIT KNUSPRIGEN HAFERFLOCKEN, NÜSSEN, PUFFREIS UND GETROCKNETEN FRÜCHTEN – SO BEKOMMT MÜSLI SEINEN GUTEN RUF ZURÜCK.

ERDBEER-MANDEL-MÜSLI:

220 g kernige Haferflocken

120 g gehobelte Mandeln

10 g Puffreis

75 g brauner Zucker

1 TL Salz

1 TL gemahlener Zimt

1 Prise frisch geriebene Muskatnuss

125 ml Kokosfett, Rapsöl oder geschmolzene Butter

1 TL Mandelaroma

1 großes Eiweiß, zu Schnee geschlagen

90 g gefriergetrocknete Erdbeeren

ERGIBT CA. 1,25 KG

Den Backofen aus 180 °C vorheizen.

Haferflocken, Mandeln, Puffreis, Zucker, Salz, Zimt und Muskatnuss in einer großen Schüssel vermischen. Fett, Öl oder Butter und Mandelaroma in einer zweiten, kleinen Schüssel verrühren und über die Haferflocken-Mandel-Mischung gießen. Das Eiweiß hinzugeben und mit einem Spatel vermengen.

Die Masse gleichmäßig auf einem mit Backpapier ausgelegten Backblech verteilen und ca. 35 Minuten goldbraun backen. Das Blech nach der Hälfte der Backzeit wenden. Während der letzten 10 Minuten darauf achten, dass das Müsli an den Rändern nicht verbrennt. Vollständig abkühlen lassen und die Erdbeeren kurz vor dem Servieren oder Verschließen dazugeben. Luftdicht verschlossen hält das Müsli bei Zimmertemperatur bis zu 1 Monat.

BANANEN-WALNUSS-MÜSLI: Den Backofen auf 165 °C vorheizen. Die Mandeln durch 60 g ungesüßte Kokosflocken und 125 g grob gehackte Walnusskerne ersetzen. Statt Mandelaroma 1 TL Rumaroma verwenden und die Erdbeeren durch 105 g in Stücke gebrochene Bananenchips ersetzen.

AHORNSIRUP-PEKANNUSS-MÜSLI: Die Mandeln durch 125 g grob gehackte Pekannusskerne und den Zucker durch 125 ml Ahornsirup (Grad A) ersetzen. Statt Mandelaroma 1 TL Vanillearoma verwenden und ½ TL gemahlenen Ingwer zur Haferflocken-Mischung hinzufügen.

MÜSLIRIEGEL

DIE KNUSPRIGEN UND DOCH LEICHT ZÄHEN RIEGEL KÖNNEN SIE UNENDLICH VARIIEREN. DABEI NUR DARAUF ACHTEN, DASS DAS VERHÄLTNIS ZWISCHEN TROCKENEN UND FEUCHTEN ZUTATEN GLEICH BLEIBT. PROBIEREN SIE DIE ZWEI VARIANTEN UNTEN ODER KREIEREN SIE IHRE EIGENEN GESCHMACKSRICHTUNGEN.

Den Backofen auf 180 °C vorheizen. Die Haselnusskerne auf einem mit Backpapier ausgelegten Backblech verteilen und ca. 15 Minuten goldbraun rösten, bis die Schale abblättert. Die noch warmen Nusskernen zwischen den Handflächen reiben, um die Schale zu entfernen, dabei kann etwas Schale an den Kernen bleiben. Den Ofen nicht ausschalten.

Mit einer Küchenmaschine oder einem Standmixer Haselnusskerne, Weizenkeime, Zimt und Salz fein mahlen. In eine Schüssel geben und mit den Haferflocken, Cranberrys und Pekannusskernen mischen.

In einem kleinen Topf Butter, Zucker, Erdnussbutter und Ahornsirup bei mittlerer Hitze unter Rühren 1 Minute köcheln lassen. Zur Nussmischung gießen, gut vermischen und 5 Minuten abkühlen lassen.

Den Eischnee gut unterheben. Die Mischung auf einem eingefetteten Backblech (23 x 33 cm) verteilen, festdrücken und 20–25 Minuten backen, bis die Ränder goldbraun sind und die Masse nicht mehr an den Fingern klebt. In 12 Riegel schneiden und auf dem Blech mindestens 1 Stunde abkühlen lassen. Die Riegel einzeln in Frischhaltefolie wickeln, luftdicht verschließen und bis zu 10 Tage bei Zimmertemperatur lagern.

ERDNUSS-SCHOKO-MÜSLIRIEGEL: Die Haselnusskerne durch 105 g ungesalzene, geröstete Erdnüsse ersetzen und die Cranberrys weglassen. Die Mischung 15 Minuten kühlen, bevor der Eischnee und 185 g Zartbitterschokolade (in kleinen Stücken) dazugegeben werden.

NUSS-MÜSLIRIEGEL: Die Haselnusskerne durch geröstete Mandeln und Cashewkerne ersetzen. Je 35 g Kürbiskerne und Sonnenblumenkerne hinzufügen. Pekannusskerne durch 2 EL Leinsamen, Butter durch Kokosfett und Erdnussbutter durch Mandelbutter ersetzen. Zusammen mit dem Eischnee die abgeriebene Schale von einer unbehandelten Orange dazugeben.

155 g Haselnusskerne

45 g Weizenkeime

1 TL gemahlener Zimt

½ TL Salz

235 g kernige Haferflocken

125 g getrocknete Cranberrys

60 g Pekannusskerne, gehackt

125 g Butter, in Stücken

105 g brauner Zucker

155 g ungesüßte Erdnussbutter

80 ml Ahornsirup

2 große Eiweiß, zu Schnee geschlagen

Pflanzenöl zum Einfetten

ERGIBT CA. 12 RIEGEL

GRAHAM CRACKER

GRAHAM CRACKER WECKEN BEI MIR KINDHEITSERINNERUNGEN – DIESE SIND MIT EINER SPUR MUSKATNUSS, NELKEN UND KARDAMOM ETWAS AUFREGENDER ALS DIE ALTBEWÄHRTEN KLASSIKER. DAS WICHTIGSTE IST, DASS DER TEIG GLEICHMÄSSIG SEHR DÜNN AUSGEROLLT WIRD.

200 g Vollkornmehl

155 g Mehl, plus etwas zum Bestäuben

105 g Vollrohrzucker

1 TL gemahlener Zimt

½ TL Backpulver

½ TL Backnatron

½ TL Meersalz

1 Prise frisch geriebene Muskatnuss

1 Prise gemahlene Nelken

1 Prise gemahlener Kardamom

90 g kalte Butter, in ca. 1 cm großen Stücken

80 ml Vollmilch,

90 g Honig

1 TL Vanillearoma

2 EL Zucker

ERGIBT CA. 60 CRACKER

Mehl, Zucker, Zimt, Backpulver, Natron, Salz, Muskatnuss, Nelken und Kardamom mit einer Küchenmaschine oder einem Handrührgerät mit Rührhaken kurz vermischen. Die Butterstücke dazugeben und ca. 30 Sekunden weiterrühren, bis die Mischung die Konsistenz von Grieß annimmt.

In einer kleinen Schüssel Milch, Honig und Vanillearoma gut vermischen, sodass sich der Honig auflöst. Zur Mehl-Mischung geben und mit einem Holzlöffel rühren, bis sich die Masse zu einer Kugel formt. Den Teig kurz durchkneten, halbieren und in 6 mm dünne Rechtecke ausrollen. Einzeln in Frischhaltefolie wickeln und mindestens 4 Stunden kühl stellen.

Den Backofen auf 165 °C vorheizen. Eine Portion Teig aus dem Kühlschrank nehmen und 5 Minuten bei Zimmertemperatur aufwärmen. Auf einer bemehlten Arbeitsfläche 2 mm dünn ausrollen, dabei Mehl hinzufügen, falls der Teig klebt.

Mit einem Teigrad 5 x 7,5 cm große Rechtecke ausschneiden. Teigreste wieder in Folie wickeln und 30 Minuten kühl stellen, bevor sie weiterverwendet werden. Die Rechtecke auf ein mit Backpapier ausgelegtes Backblech legen und ein paar Mal mit einer Gabel einstechen. Mit etwas Zucker bestreuen.

Die Cracker 15–20 Minuten backen, bis sie knusprig und die Ränder leicht braun sind. Die Backzeit hängt von der Dicke des Teiges ab. Nach der Hälfte der Zeit das Backblech wenden. Die Cracker zum Abkühlen sofort auf ein Kuchengitter geben. Während das erste Blech im Backofen ist, den Vorgang mit der zweiten Portion Teig wiederholen, danach die Reste verarbeiten. Die abgekühlten Cracker luftdicht verschließen. So halten sie bei Zimmertemperatur bis zu 2 Wochen.

KARAMELLBONBONS MIT FLEUR DE SEL

DIE TALENTIERTE BÄCKERIN UND SÜSSIGKEITEN-EXPERTIN JAMI CURL VON DER ST. CUPCAKE BAKERY IN PORTLAND HAT MIR GEZEIGT, WIE MAN DIESE WUNDERBAR BUTTRIGEN KARAMELLBONBONS MACHT. DIE ZUBEREITUNG IST EIGENTLICH ETWAS KNIFFLIG, ABER MIT JAMIS METHODE WIRD ES KINDERLEICHT.

1 Vanilleschote, längs halbiert, das Mark herausgekratzt

125 g Sahne

½ TL feines Meersalz

235 g Glukosesirup (oder Maissirup)

500 g Kristallzucker

150 g Butter zzgl. 1 EL zum Einfetten (Zimmertemperatur)

Fleur de sel zum Bestreuen

Pflanzenöl zum Einfetten

ERGIBT CA. 500 G

Ein quadratisches Backblech (20 x 20 cm) mit Backpapier auslegen und leicht einfetten. Das Vanillemark zusammen mit der Schote, Sahne und Meersalz in einem kleinen Topf bei mittlerer bis niedriger Hitze handwarm erhitzen. Die Schote entfernen, die Hitze reduzieren und die Mischung warm halten.

Den Glukosesirup in einem großen Topf bei mittlerer Hitze erwärmen, bis sich Blasen bilden, den Topf dabei schwenken. Vorsichtig die Hälfte des Zuckers hinzugeben und verrühren, sodass eine feuchte Masse entsteht. Der Zucker darf dabei möglichst nicht an die Ränder des Topfes gelangen. Den restlichen Zucker ebenfalls einrühren. Mit einem angefeuchteten Backpinsel Zucker von den Rändern des Topfs streichen, sodass sich der gesamte Zucker auflöst.

Ein Zuckerthermometer am Topf befestigen und die Mischung bei mittlerer Hitze zum Kochen bringen, bis sie eine Temperatur von 170–174 °C erreicht und die Farbe von Kupfer annimmt, dabei den Topf gelegentlich schwenken (nicht umrühren).

Sofort vom Herd nehmen und die warme Sahne und die Butter hinzugeben. Vorsicht: Die Mischung wirft Blasen und kann sehr heiß dampfen. Das Karamell ca. 30 Sekunden kräftig rühren, bis es eine gleichmäßige Farbe hat und die Butter vollständig geschmolzen ist.

Auf das Backblech gießen und 10 Minuten abkühlen lassen. Mit Fleur de sel bestreuen, locker zudecken und 6–12 Stunden stehen lassen.

Ein Schneidebrett auf das Backblech legen und wenden, sodass sich das Karamell vom Blech löst. Das Backpapier entfernen und das Karamell in 2,5–3 cm große Stücke schneiden. Einzeln in Backpapier wickeln und bei Zimmertemperatur bis zu 2 Wochen lagern.

VARIANTE: Einen Orangentee-Beutel zur Sahnemischung geben und entfernen, bevor der karamellisierte Zucker eingerührt wird.

VANILLE-MARSHMALLOWS

DAS WUNDER SELBST GEMACHTER MARSHMALLOWS IST DIE FANTASTISCHE VERBINDUNG VON GELATINE UND HEISSEM ZUCKERSIRUP. WENN SIE DIE KLEINEN LECKEREIEN ERST EINMAL SELBST GEMACHT HABEN, WERDEN SIE SIE NICHT MEHR KAUFEN WOLLEN. IN EINER TASSE KAKAO ODER GERÖSTET GENIESSEN.

30 g Speisestärke
60 g Puderzucker
1½ EL gemahlene Gelatine
1 Prise grobkörniges Salz
¼ TL Weinstein-Backpulver
315 g Zucker
1 EL Glukosesirup (oder Maissirup)
1 TL Vanillearoma
Pflanzenöl zum Einfetten

ERGIBT EIN BLECH (23 X 28 CM)

Speisestärke und Puderzucker in eine Schüssel sieben. Ein Backblech (23 x 28 cm) mit Alufolie auslegen und die Folie leicht einfetten. Von der Puderzuckermischung 30 g abwiegen und gleichmäßig auf dem Boden und den Rändern verteilen, dabei das Blech schwenken.

In eine Schüssel 125 ml Wasser gießen, die Gelatine hineinstreuen, leicht verrühren und 5 Minuten einweichen lassen. Salz und Backpulver einrühren und 2–3 Minuten mit einer Küchenmaschine oder einem Handrührgerät bei hoher Stufe schaumig schlagen.

Zucker und Glukosesirup in einem Topf mit 125 ml Wasser vermischen und ein Zuckerthermometer am Rand befestigen. Bei mittlerer bis hoher Hitze zum Kochen bringen und kochen, bis die Mischung hellbraun und 120 °C heiß ist; oder etwas Sirup auf einem Löffel in kaltes Wasser halten und vorsichtig testen, ob er sich zu einem weichen Ball formen lässt.

Küchenmaschine oder Handrührgerät wieder einschalten und bei mittlerer Stufe den heißen Zuckersirup vorsichtig zwischen Rührhaken und Rand der Schüssel in die Gelatine-Mischung gießen. Die Geschwindigkeit erhöhen und die Mischung ca. 5 Minuten weiß und dick schlagen. Die Vanille hinzufügen und ca. 20 Minuten weiterschlagen, bis die Mischung abgekühlt ist.

Die Masse auf das Backblech gießen. Einen Spatel in kaltes Wasser tauchen, die Oberfläche glätten und ca. 1 Stunde stehen lassen, bis sich eine Haut bildet. Mit 30 g der Puderzuckermischung bestäuben und über Nacht bei Zimmertemperatur stehen lassen.

Einen Behälter mit Backpapier auslegen und etwas Puderzuckermischung darin verteilen. Ein Messer mit Puderzucker bestäuben und die Marshmallows in Rechtecke schneiden. In den Behälter schichten, mit der restlichen Puderzuckermischung bestäuben und luftdicht verschließen. Die Marshmallows halten bei Zimmertemperatur bis zu 2 Wochen.

VARIANTEN: Siehe Seite 154.

ERDNUSS-KARAMELL-POPCORN

DIESE LECKEREI WURDE 1893 ALS „CRACKER JACK“ AUF DER WELTAUSSTELLUNG IN CHICAGO VORGESTELLT UND IST SEITDEM EIN HIT. HIER GIBT ES ZWAR KEINEN PREIS WIE IN DEN AMERIKANISCHEN SÜSSIGKEITENSCHACHTELN, DAFÜR WERDEN SIE MIT FRISCHEM POPCORN, KARAMELL UND GERÖSTETEN ERDNÜSSEN BELOHNT.

2 EL Distelöl

90 g Puffmais

155 g gesalzene, geröstene Erdnüsse

105 g Vollrohrzucker

75 g Butter (Zimmertemperatur)

105 g Glukosesirup (oder Maissirup)

2 EL Melasse (erhältlich im Reformhaus oder online)

½ TL Vanillearoma

1 Prise Salz

½ TL Backnatron

ERGIBT 700 G

Den Backofen aus 120 °C vorheizen. Das Distelöl und 3 Puffmaiskörner in einen großen Suppentopf geben, bedecken und bei mittlerer bis hoher Hitze erhitzen, bis die Körner aufplatzen. Den restlichen Mais hinzugeben, bedecken und die Körner 1 ½–2 Minuten unter gelegentlichem Schwenken aufplatzen lassen. Das Popcorn zusammen mit den Erdnüssen in eine große Schüssel geben und beiseitestellen.

Den Topf auswischen, Zucker, Glukosesirup und Melasse hineingeben und ein Zuckerthermometer am Rand befestigen. Die Mischung bei mittlerer Hitze unter ständigem Rühren köcheln lassen, bis sie 118 °C heiß ist. Vom Herd nehmen und sofort Vanillearoma, Salz und Backnatron einrühren. Schnell das Popcorn mit den Erdnüssen hinzugeben und mit einem Holzlöffel vermischen, sodass alles gleichmäßig mit Karamell überzogen ist.

Das Popcorn auf einem mit Backpapier ausgelegten Backblech verteilen und 40 Minuten backen, dabei ein oder zwei Mal durchmischen. Abkühlen lassen und in Stücke brechen. Luftdicht verschlossen hält es bei Zimmertemperatur bis zu 4 Tage.

GESCHICHTETE MINZSCHOKOLADE

WIE IHRE GEKAUFTEN VERWANDTEN MIT DER GRÜNEN VERPACKUNG SCHMELZEN AUCH DIESE HERRLICH MINZIG IM MUND DAHIN. VERWENDEN SIE PFEFFERMINZÖL (NICHT EXTRAKT), SONST BESCHLÄGT DIE SCHOKOLADE. IN GESCHÄFTEN FÜR BACKZUBEHÖR ODER ONLINE DANACH SUCHEN.

60 g Butter, geschmolzen

1 TL Pfefferminzöl

500 g Zartbitterschokolade (mind. 60 % Kakao), gehackt

240 g weiße Schokolade, gehackt

grüne Lebensmittelfarbe (optional)

ERGIBT 35 MUNDGERECHTE SCHOKOLADENTÄFELCHEN

Von der geschmolzenen Butter 2 EL abnehmen, möglichst ohne den weißen Schaum und den milchigen Bodensatz, und in eine kleine Schüssel geben. Mit dem Pfefferminzöl vermischen und beiseitestellen.

Ein quadratisches Backblech (23 x 23 cm) mit Backpapier auslegen. Die Zartbitterschokolade über dem Wasserbad schmelzen, der Boden der Schüssel darf das siedende Wasser nicht berühren. Mit einem Plastikspatel rühren, bis die Schokolade fast vollständig geschmolzen ist und 47 °C heiß ist (dafür ein Bratenthermometer verwenden). Die Schokolade vom Herd nehmen und rühren, bis sie auf 40 °C abgekühlt ist, 4 TL der Buttermischung hinzugeben und gut verrühren. Die Hälfte auf das Backblech gießen und mit einem Spatel glätten. Die restliche Schokolade beiseitestellen. Das Blech ca. 10 Minuten in den Kühlschrank stellen, bis die Schokolade beginnt, fest zu werden (die Oberfläche wird matt).

Währenddessen die weiße Schokolade im Wasserbad fast vollständig schmelzen (kleine Stücke stören nicht). Vom Herd nehmen und rühren, bis sie auf 40 °C abgekühlt ist. Mit der restlichen Butter und, wenn verwendet, ein paar Tropfen der Lebensmittelfarbe glatt rühren. Die weiße Schokolade auf die dunkle Schokoladeschicht gießen und mit einem Spatel glätten. Ca. 10 Minuten kühl stellen, bis die weiße Schokolade beginnt, fest zu werden.

Falls die zweite Hälfte der dunklen Schokolade zu fest geworden ist, um sie zu verstreichen, über siedendem Wasser bis maximal 40 °C erwärmen. Auf die weiße Schokoladeschicht gießen und mit einem Spatel glätten. Das Blech wieder ca. 10 Minuten kühlen, bis die Schokolade beginnt, fest zu werden. Die Schokolade in 35 Stücke schneiden und luftdicht verschließen, dabei zwischen die Schokoladetäfelchen Backpapier legen. So halten sie bei Zimmertemperatur bis zu 2 Wochen.

KANDIERTE ZITRUSZESTEN

DIE MIT ZUCKER ÜBERZOGENEN ZITRUSZESTEN WERTEN JEDES DESSERT AUF, ABER BESONDERS LECKER IST DIESE SÜSSSAURE DEKO ZU KLASSISCHEN EISSORTEN UND FRUCHTSORBETS. SIE SCHMECKEN AUCH GUT ALS GARNITUR VON ZITRUS-SÜSSSPEISEN ODER PUR ALS SÜSSIGKEIT.

3 große unbehandelte Zitronen, 4 unbehandelte Limetten oder 2 unbehandelte Orangen

750 g Zucker

ERGIBT CA. 90 G

Mit einem Zestenschneider die Schale der Zitrusfrüchte in dünnen, langen Streifen abschneiden, dabei darauf achten, möglichst wenig von der weißen Schicht mit abzuschälen. Die Früchte für eine andere Verwendung beiseitestellen.

Einen Topf zu drei Vierteln mit Wasser füllen und bei hoher Hitze zum Kochen bringen. Die Zesten hineingeben und 4 Minuten kochen. Abgießen und mit kaltem Wasser abwaschen. Den Vorgang mit frischem Wasser wiederholen, das nimmt der weißen Schicht der Schale den bitteren Geschmack.

In einem Topf 500 g Zucker und 375 ml Wasser zusammen mit den Zesten bei mittlerer bis niedriger Hitze zum Kochen bringen und ca. 30 Minuten köcheln lassen, bis die Schalen weich und durchsichtig sind. Vom Herd nehmen und auf Zimmertemperatur abkühlen lassen.

Einen Ofenrost auf ein Backblech stellen. Mit einer Schaumkelle oder einer Kochzange die Zesten auf den Rost legen. Die Zesten ca. 2 Stunden trocknen, bis sie nur noch leicht klebrig sind.

Den restlichen Zucker in einer flachen Schüssel verteilen. Die Zesten darin schwenken, bis sie gleichmäßig mit Zucker überzogen sind. Gleich servieren oder luftdicht verschlossen bei Zimmertemperatur bis zu 5 Tage lagern.

HIMBEER-„PÂTES DE FRUITS“

DIESE EINFACHEN FRUCHTWÜRFEL ERHALTEN IHRE GELEEARTIGE STRUKTUR UND DAS PURE FRUCHTAROMA VOM PEKTIN DES APFELMUSES UND DER KONFITÜRE. SIE KÖNNEN AUCH SELBST GEMACHTE KONFITÜRE NEHMEN, ACHTEN SIE NUR DARAUF, DASS SIE DICK GENUG IST, DAMIT DIE MASSE FEST WIRD.

500 g Himbeerkonfitüre

140 g ungesüßtes Apfelmus

310 g Zucker

1 Spritzer frisch gepresster Zitronensaft

1 TL Himbeerlikör (z. B. Chambord)

ERGIBT 36 STÜCK

Den Boden und die Ränder eines quadratischen Backblechs (20 x 20 cm) mit Backpapier auslegen.

In einem schweren Topf Konfitüre, Apfelmus und 250 g Zucker vermischen und bei mittlerer bis hoher Hitze zum Kochen bringen, dabei mit einem langstieligen Holzlöffel ständig rühren. Ein Zuckerthermometer am Rand des Topfes befestigen. Die Hitze reduzieren und weiterrühren, bis die Mischung 100 °C heiß ist. Weitere ca. 10 Minuten erhitzen, bis die Temperatur 115 °C erreicht; alternativ etwas Sirup mit einem Löffel in kaltes Wasser halten und vorsichtig testen, ob es sich zu einem weichen Ball formen lässt. 1 weitere Minute kochen.

Vom Herd nehmen, den Zitronensaft und den Likör einrühren und die Mischung auf das Backblech gießen. Bei Zimmertemperatur ca. 2 Stunden fest werden lassen.

Das Gelee in 2,5 cm große Würfel schneiden. Den restlichen Zucker in eine flache Schüssel geben und die Würfel darin rollen, bis sie auf allen Seiten gleichmäßig mit Zucker überzogen sind. In einen Behälter füllen, dabei zwischen die Würfel Backpapier legen. Luftdicht verschlossen halten sie bei Zimmertemperatur bis zu 2 Wochen.

ORANGEN-INGWER-„PÂTES DE FRUITS“: Himbeerkonfitüre durch Blutorangen- oder Seville-Orangen-Marmelade ersetzen und 2 TL geschälten, fein geriebenen frischen Ingwer zu Konfitüre, Apfelmus und Zucker hinzufügen. Den Likör weglassen.

ERDBEER-ROSEN-„PÂTES DE FRUITS“: Himbeerkonfitüre durch Erdbeerkonfitüre und den Likör durch ½ TL Rosenwasser ersetzen.

SAUCEN & WÜRZMITTEL

BUTTERMILCH-DRESSING

DIESES KLASSISCHE DRESSING SCHMECKT SELBST GEMACHT VIEL BESSER ALS GEKAUFT UND IST KINDERLEICHT HERZUSTELLEN: EINFACH DIE FÜNF ZUTATEN VERMISCHEN UND MIT SALZ UND PFEFFER ABSCHMECKEN. ÜBER SALAT TRÄUFELN, MIT KRAUTSALAT ODER ALS DIP FÜR GEMÜSESTICKS SERVIEREN.

180 g Mayonnaise

125 g Buttermilch

125 g Sauerrahm

½ Bund glatte Petersilie, fein gehackt

½ Bund Schnittlauch, fein gehackt

Salz und gemahlener weißer Pfeffer

ERGIBT CA. 375 ML

In einer Schüssel Mayonnaise, Buttermilch und Sauerrahm vermischen. Die Kräuter hinzugeben, mit Salz und Pfeffer abschmecken und gut verrühren. Direkt verwenden oder in einem Glas gut verschlossen bis zu 4 Tage im Kühlschrank lagern.

KLASSISCHE MAYONNAISE

HAUSGEMACHTE MAYONNAISE IST REICHHALTIGER UND CREMIGER ALS DIE AUS DEM GESCHÄFT. AM BESTEN GEHT ES MIT DER KÜCHENMASCHINE – MIT DEM HANDRÜHRGERÄT ODER STARKEN ARMEN KLAPPT ES ABER AUCH. DAS ÖL NICHT ZU SCHNELL IN DIE EIGELBMISCHUNG GIESSEN, SONST GERINNT DAS DRESSING.

1 großes Eigelb

1 EL frisch gepresster Zitronensaft

1 TL Dijon-Senf

160 ml Natives Olivenöl Extra

Salz und frisch gemahlener Pfeffer

ERGIBT CA. 180 ML

Eigelb, Zitronensaft, Senf, Salz und Pfeffer kurz mit der Küchenmaschine, einem Handrührgerät oder einem Schneebesen vermischen. Öl in einem dünnen Strahl langsam dazugießen, dabei weiterrühren, bis die Mayonnaise dick und cremig ist. Gleich servieren oder zugedeckt im Kühlschrank bis zu 2 Tage lagern.

PESTO-MAYONNAISE: 1 EL Kohlpesto (Seite 117) in die fertige Mayonnaise mischen. Als Brotaufstrich verwenden.

ZITRONEN-KRÄUTER-MAYONNAISE: Die abgeriebene Schale von ½ unbehandelten Zitrone und je 2 TL gehackte Petersilie, Schnittlauch und Dill in die fertige Mayonnaise mischen. Als Dip oder Sauce zu kalten Meeresfrüchten oder Fisch servieren.

TAHINI-MAYONNAISE: Eine gehackte Knoblauchzehe zur fertigen Mayonnaise geben und portionsweise 2 TL Tahini einrühren. Anschließend ½ TL gemahlenen Kreuzkümmel und 1 TL warmes Wasser dazumischen und abschmecken.

SAUCE TARTAR: 125 g Gurken-Relish (gegenüberliegende Seite) einrühren und als Dip oder Sauce zu Fisch oder Meeresfrüchten servieren.

MILDE MAYONNAISE: Der ausgeprägte Geschmack des Olivenöls passt nicht zu allen Gerichten. Für eine mildere Variante das Olivenöl durch Rapsöl ersetzen.

GURKEN-RELISH

DIESES FRISCHE GURKEN-RELISH IST EIN GUTER AUSGLEICH ZU SCHARFEN GRILLMARINADEN UND BARBECUE-SAUCEN. SCHMECKT HERVORRAGEND ZU GEGRILLTEM RIND- ODER HÜHNCHENFLEISCH ODER MIT JOGHURT VERMISCHT ALS ZAZIKI-VARIANTE.

Die Gurke schälen und in 6 mm dünne Scheiben schneiden.

Die Gurkenscheiben in einer Schüssel mit Schalotten- und Zwiebelringen sowie Essig und Zucker gut vermischen, sodass sich der Zucker auflöst und die Gurkenscheiben gleichmäßig mariniert sind. Die Pfefferminze darüberstreuen, gut verrühren und 1–2 Stunden im Kühlschrank ziehen lassen.

Kurz vor dem Servieren die Mischung in einem feinmaschigen Sieb abtropfen lassen (die Gurken geben bis zu 250 ml Flüssigkeit ab). Mit Salz und Pfeffer abschmecken und gut vermischen.

Gleich servieren oder zugedeckt im Kühlschrank bis zu 1 Woche lagern.

1 Gurke

1 Schalotte, in sehr dünnen Ringen

½ rote Zwiebel, in dünnen Ringen

60 ml Apfelessig

1 EL Zucker

6–8 frische Pfefferminzblätter, gehackt

1 TL Salz

1 TL frisch gemahlener Pfeffer

ERGIBT CA. 500 G

SRIRACHA-CHILISAUCE

VON VIER-STERNE-RESTAURANTS BIS ZU RAMEN-LOKALEN – SRIRACHA-SAUCE IST ÜBERALL. DIESE VERSION WIRD FERMENTIERT, WAS ZU EINEM UNWIDERSTEHLICHEN MIX AUS SCHARFEN, SALZIGEN UND SÜSSEN AROMEN FÜHRT. PERFEKT ZU TOFU, PIZZA, EIERN, AIOLI (SEITE 126) UND VIELEM MEHR.

Ein Einmachglas oder eine Glasflasche und den Deckel auskochen und bereitstellen.

Mit einer Küchenmaschine oder einem Pürierstab Chilis, Knoblauch, Zucker und Salz grob pürieren (es sollten noch einige Samen und Stückchen sichtbar sein). Die Mischung in eine Glasschüssel füllen, locker mit Frischhaltefolie bedecken und bei Zimmertemperatur 2–3 Tage ziehen lassen, bis sich kleine Blasen an den Rändern bilden.

Die Chilimischung zusammen mit Essig und Fischsauce fein pürieren. Durch ein mittelfeines Sieb streichen und in das Einmachglas oder die Glasflasche füllen. Gut verschlossen hält die Sriracha-Sauce im Kühlschrank bis zu 6 Monate.

375 g mittelscharfe Chilis (z. B. Red Fresno), in dünnen Scheiben

1 Knoblauchzehe

2 EL Zucker

1 TL Meersalz

2 ½ EL Reisessig

2 TL Fischsauce

ERGIBT CA. 250 ML

CHIPOTLE-KETCHUP

CHIPOTLES ERGEBEN ZUSAMMEN MIT TOMATEN EINE PERFEKT AUSBALANCIERTE GESCHMACKSMISCHUNG – BESONDERS GUT ZU GEGRILLTEM FLEISCH WIE HAMBURGERN ODER SCHWEINEKOTELETTS. CHIPOTLES SIND GERÄUCHERTE JALAPEÑOS UND HABEN EIN INTENSIV SÜSSLICHES AROMA.

2 kg Tomaten

2 EL Olivenöl

2 Gemüsezwiebeln, grob gehackt

4 Knoblauchzehen, zerdrückt

1 TL gemahlener Koriander

½ TL gemahlener Piment

125 ml Apfelessig

155 g brauner Zucker

1 Dose Chipotle-Chilis in Adobo-Sauce (220g)

Salz

ERGIBT 6 GLÄSER À 250 ML

Die Einmachgläser und Deckel auskochen und bereitstellen.

Die Tomaten blanchieren, abtropfen und schälen. Die Kerne entfernen und das Fruchtfleisch in Stücke schneiden. Das Olivenöl in einer großen Pfanne bei mittlerer Hitze erwärmen. Die Zwiebeln hinzufügen und unter Rühren ca. 5 Minuten glasig dünsten. Knoblauch, Koriander und Piment ca. 2 Minuten mitdünsten, bis sich das Aroma entfaltet. Tomaten, Essig und Zucker dazugeben und ca. 30 Minuten ohne Deckel köcheln lassen, bis die Tomaten weich sind, dabei gelegentlich umrühren.

In der Zwischenzeit die Chilis abgießen und die Sauce in einem Messbecher auffangen. Die Chilis halbieren, die Samen entfernen (für mehr Schärfe ein paar übriglassen) und hacken. Wenn die Tomaten weichgekocht sind, die Chilis und 60 ml der Sauce einrühren und leicht abkühlen lassen.

Die Mischung mit einem Pürierstab oder Standmixer fein pürieren. Wieder in die Pfanne geben und bei hoher Hitze zum Kochen bringen. Auf mittlere bis niedrige Hitze reduzieren und ca. 20 Minuten einkochen, dabei öfter umrühren. Mit Salz abschmecken.

Den heißen Ketchup bis 6 mm unter dem Rand in die Gläser füllen. Um Luftblasen zu entfernen, mit einer dünnen Nadel am Rand des Glases, zwischen Glas und Ketchup, vier oder fünf Mal entlangfahren, und bei Bedarf Ketchup nachfüllen. Die Glasränder sauber wischen und die Gläser fest verschließen.

Der Ketchup hält im Kühlschrank bis zu 1 Monat.

KLASSISCHER KETCHUP

AM BESTEN DIE SAFTIG SÜSSEN, REIFEN TOMATEN IM SOMMER NEHMEN UND ZU DIESEM RAFFINIERT GEWÜRZTEN KETCHUP EINKOCHEN. IHR LIEBLINGSKETCHUP AUS DEM GESCHÄFT WIRD NICHT MEHR SO SCHMECKEN WIE FRÜHER, NACHDEM SIE DIESE FANTASTISCHES REZEPT AUSPROBIERT HABEN.

Die Einmachgläser und Deckel auskochen und bereitstellen.

Die Tomaten blanchieren, abtropfen und schälen. Die Kerne entfernen und vierteln. Das Olivenöl in einer großen Pfanne bei mittlerer Hitze erwärmen. Die Zwiebeln und Paprikaschoten hinzufügen und ca. 5 Minuten weich dünsten. Die Tomaten dazugeben und ca. 30 Minuten köcheln, bis sie weich sind, dabei gelegentlich umrühren.

In der Zwischenzeit Knoblauch, Zimt, Selleriesamen, Piment, Nelken, Pfefferkörner und rote Paprikaflocken auf ein quadratisches Küchentuch geben und die Enden mit Küchengarn fest zusammenbinden. In einem kleinen Topf Essig mit dem Gewürzbeutel bei mittlerer Hitze zum Kochen bringen, vom Herd nehmen und zugedeckt ziehen lassen.

Die Tomatenmischung durch eine Flotte Lotte mit mittelfeinem Sieb in einen sauberen Topf passieren. Den Gewürzbeutel herausnehmen und 60 ml des Essigsuds zur Tomatenmischung gießen. Zucker und Salz einrühren und bei hoher Hitze zum Kochen bringen. Die Hitze reduzieren und 45–60 Minuten köcheln lassen, bis die Mischung um mehr als die Hälfte eingekocht ist, dabei gelegentlich umrühren. Mit Salz, Zucker und dem restlichen Essig abschmecken.

Den heißen Ketchup bis 6 mm unter dem Rand in die Gläser füllen. Um Luftblasen zu entfernen, mit einer dünnen Nadel am Rand des Glases, zwischen Glas und Ketchup, vier oder fünf Mal entlangfahren, und bei Bedarf Ketchup nachfüllen. Die Glasränder sauber wischen und die Gläser fest verschließen.

Der Ketchup hält im Kühlschrank bis zu 1 Monat.

6 kg Tomaten

1 EL Olivenöl

3 Gemüsezwiebeln, grob gehackt

3 kleine rote Paprikaschoten, entkernt und grob gehackt

4 Knoblauchzehen, leicht zerdrückt

1 Zimtstange, zerdrückt

1 EL Selleriesamen

1 ½ TL ganze Pimentkörner

1 ½ TL ganze Nelken

½ TL Pfefferkörner

½ TL rote Paprikaflocken

1 ½ TL Apfelessig

2 EL Zucker

1 ½ TL Salz

ERGIBT 6 GLÄSER À 250 ML

SALSA X 2

DIE MEXIKANISCHE KÜCHE SCHMECKT GERADE WEGEN IHRER FRISCHEN ZUTATEN BESONDERS GUT. AM BESTEN IST ES ALSO, SALSA NICHT IM GLAS ZU KAUFEN, SONDERN SIE GANZ LEICHT ZUHAUSE ZUZUBEREITEN. DIESE ZWEI REZEPTE SIND BELIEBTE KLASSIKER. EIN DRITTES FINDEN SIE AUF SEITE 114.

PICO DE GALLO:

60 g weiße Zwiebel, fein gehackt

3 EL Korianderblätter, gehackt

1 EL Chili (z. B. Red Fresno), fein gehackt

1 kleine Knoblauchzehe, gehackt

½ TL Meersalz

500 g reife Tomaten

1½ TL frisch gepresster Zitronensaft

MANGO-HABANERO-SALSA:

2 reife Mangos

45 g rote Zwiebel, fein gehackt

2 Frühlingszwiebeln

½ Habanero-Chili, fein gehackt

1 EL frisch gepresster Orangensaft

1 EL frisch gepresster Zitronensaft

1 TL abgeriebene Schale von 1 unbehandelten Orange

Meersalz und frisch gemahlener Pfeffer

ERGIBT JE CA. 370 G

PICO DE GALLO: In einem Mörser 3 EL Zwiebeln, Koriander, Chili, Knoblauch und Salz zerstoßen, bis eine weiche Paste entsteht. Die Tomaten entkernen und hacken. In einer Schüssel die Zwiebel-Chili-Mischung mit den restlichen Zwiebelwürfeln, den Tomaten und dem Zitronensaft verrühren. Bei Zimmertemperatur 30 Minuten ziehen lassen, damit sich die Aromen entfalten. Luftdicht verschlossen hält die Salsa im Kühlschrank bis zu 4 Tage.

MANGO-HABANERO-SALSA: Eine Mango auf die schmale Seite legen, sodass der Stielansatz nach vorne zeigt. Mit einem langen, scharfen Messer 2 cm seitlich abschneiden, das Messer soll dabei den Kern kaum berühren, und so die Mango „halbieren". Auf der anderen Seite wiederholen. Die Hälften mit einem scharfen Messer gitterförmig einritzen, dabei nicht durch die Schale schneiden. Vorsichtig gegen die Schale drücken und so die Würfel nach vorne bringen, dann die Würfel von der Schale schneiden. Mit der zweiten Mango wiederholen.

Die Frühlingszwiebeln in dünne Ringe schneiden, dabei auch die grünen Enden verwenden. Zusammen mit den Mangowürfeln, Chili, Orangen-, Zitronensaft und Orangenschale in einer Schüssel verrühren, dabei mit dem Löffel etwas Mangofruchtfleisch am Rand der Schüssel zerdrücken. Mit Salz und Pfeffer abschmecken und zugedeckt 30 Minuten bei Zimmertemperatur ziehen lassen, damit sich die Aromen entfalten. Luftdicht verschlossen hält die Salsa im Kühlschrank bis zu 1 Woche.

TOMATILLO-JALAPEÑO-SALSA

DIESE TRADITIONELLE GRÜNE SALSA IST RELATIV MILD. FALLS SIE MEHR SCHÄRFE MÖCHTEN, LASSEN SIE DIE SAMEN UND TRENNWÄNDE IN DER CHILI ODER GEBEN SIE EINE ZWEITE HINZU. GUT ZU TORTILLA-CHIPS ODER ALS CHILAQUILES (MIT WARMEN TORTILLAS, RÜHREI UND KÄSE) GENIESSEN.

750 g Tomatillos, ohne Schale

1 Jalapeño-Chili, ohne Stiel

4 große Knoblauchzehen, mit Schale

2 TL Olivenöl

15 g frische Korianderblätter, gehackt

75 g weiße Zwiebel, fein gehackt

2 EL Limettensaft

1 EL gemahlener Kreuzkümmel

1 TL Vollrohrzucker

1 TL getrockneter mexikanischer Oregano (erhältlich im lateinamerikanischen Spezialitätengeschäft oder im Internet; alternativ Oregano)

Meersalz und frisch gemahlener Pfeffer

ERGIBT CA. 750 G

Einen Ofenrost 15 cm unter die Heizspirale des Backofens schieben und den Grill vorheizen.

Die Tomatillos, Chili und Knoblauch auf ein mit Alufolie ausgelegtes Backblech geben, mit Öl beträufeln und gut vermischen. Den Knoblauch ca. 7 Minuten, die Tomatillos 10–12 Minuten grillen, bei Bedarf mit einer Grillzange wenden, bis sie leicht angeschwärzt sind und zusammenfallen. Aus dem Ofen nehmen und leicht abkühlen lassen.

Die Chili mit einem Gemüsemesser schälen und einige der Samen und die Trennwände entfernen. Die Knoblauchzehen schälen und die Tomatillos entkernen. Tomatillos, Chili und Knoblauch mit einer Küchenmaschine oder einem Pürierstab zerkleinern und Koriander, Zwiebeln, Limettensaft, Kreuzkümmel, Zucker und Oregano hinzufügen. Mixen, bis alles gut vermischt ist und eine stückige Salsa entsteht. In eine Schüssel geben, mit Salz und Pfeffer abschmecken und zugedeckt 30 Minuten bei Zimmertemperatur ziehen lassen, damit sich die Aromen entfalten. Luftdicht verschlossen hält die Salsa im Kühlschrank bis zu 2 Wochen.

HARISSA

HARISSA IST EINE SCHARFE CHILI-GEWÜRZPASTE AUS NORDAFRIKA, DIE OFT MIT TAJINES (TRADITIONELLEN EINTÖPFEN) KOMBINIERT WIRD. DIESE HAUSGEMACHTE VARIANTE KANN AUCH ALS BASIS FÜR ENCHILADA-SAUCE, IN CHILI CON CARNE ODER ALS GRILLMARINADE VERWENDET WERDEN.

Die Chilis in eine große hitzebeständige Schüssel geben und mit 2 l kochendem Wasser übergießen. Mit einem kleinen Teller beschweren und 1 Stunde einweichen lassen.

Die Chilis aufschlitzen und durch das Wasser ziehen, um den Großteil der Samen zu entfernen. Dabei Handschuhe tragen, um die Hände vor Capsaicin, dem Bestandteil der Chilis, der das Brennen verursacht, zu schützen!

Mit einer Küchenmaschine oder einem Pürierstab die abgetropften Chilis, Olivenöl, Zitronensaft, Knoblauch, Kümmel, Minze, Kreuzkümmel, Salz und Pfeffer zu einer geschmeidigen Masse verarbeiten, dabei, wenn nötig, die Masse von den Rändern in die Mitte schieben. Die Chilimischung mit einem Spatel durch ein feinmaschiges Sieb streichen.

Luftdicht verschlossen hält die Harissa im Kühlschrank bis zu 1 Monat.

8 getrocknete Guajillo-Chilis

8 getrocknete New-Mexican-Chilis

3 EL Natives Olivenöl Extra

2 EL frisch gepresster Zitronensaft

1 EL Knoblauch, fein gehackt

1 TL gemahlener Kümmel

1 TL getrocknete Minze

½ TL gemahlener Kreuzkümmel

1 TL Meersalz

½ TL frisch gemahlener Pfeffer

ERGIBT CA. 300 ML

KOHLPESTO

HIER WIRD DAS IM KLASSISCHEN PESTO VERWENDETE BASILIKUM DURCH KOHL ERSETZT, WAS DEM PESTO EINEN MUTIGEREN, LEICHT WÜRZIGEN GESCHMACK GIBT. KÖSTLICH MIT RÜHREI, ALS BROTAUFSTRICH, AUF PIZZA, IN SALATDRESSING ODER ÜBER GEGRILLTEN FISCH GETRÄUFELT.

In eine laufenden Küchenmaschine Knoblauchzehen durch die Öffnung geben und zerkleinern. Käse, Pinienkerne hinzufügen und ebenfalls kurz zerkleinern. Die Kohlblätter dazugeben, die Küchenmaschine einschalten und das Öl in einem dünnen Strahl durch die Öffnung dazugießen, bis eine relativ dickflüssige Paste entsteht. Falls notwendig, die Kohlmischung von den Rändern in die Mitte schieben.

In eine Schüssel füllen und mit Salz und Pfeffer gut verrühren. Nach Belieben mit Käse, Salz und Pfeffer abschmecken. Das Pesto sofort servieren oder mit einer dünnen Ölschicht bedecken und im Kühlschrank bis zu 1 Woche lagern. Vor dem Servieren auf Zimmertemperatur bringen und gut umrühren.

2 Knoblauchzehen

60 g Parmesan oder Pecorino Romano, gerieben

35 g Pinienkerne, angeröstet

60 g Grünkohlblätter

125 ml Natives Olivenöl Extra

1 Prise Salz

1 kleine Prise frisch gemahlener Pfeffer

ERGIBT CA. 250 G

ROMESCO-SAUCE

ROMESCO-SAUCE, SCHARF UND MIT MANDELN ANGEDICKT, IST EINE VIELSEITIGE SPANISCHE GEWÜRZSAUCE UND WIRD OFT MIT FISCH ODER GEMÜSE VOM GRILL KOMBINIERT. BESONDERS KÖSTLICH ZU FENCHEL ODER HEILBUTT, IN SANDWICHES, ALS BUNTER DIP ODER AUF GEGRILLTEM BROT.

3 getrocknete Ñora-, Ancho-, oder Pasilla-Chilis

1 rote Paprikaschote, längs geviertelt und entkernt

2 Pflaumentomaten, geviertelt und entkernt

1 Gemüsezwiebel, geviertelt

4 Knoblauchzehen

30 g gehackte, blanchierte Mandeln

2 EL Sherryessig

2 EL Weißwein

2 TL spanisches, geräuchertes Paprikapulver

Salz und frisch gemahlener Pfeffer

Rapsöl zum Einfetten

ERGIBT CA. 250 G

Die Chilis in einer Schüssel mit warmem Wasser bedecken und ca. 10 Minuten stehen lassen, bis sie weich sind. Herausnehmen und das Wasser beiseitestellen. Die Chilis trocken tupfen, halbieren und die Kerne entfernen.

Einen Holzkohle- oder Gasgrill für offenes Grillen bei mittlerer bis hoher Hitze vorbereiten. Einen Grillkorb mit Öl einfetten und auch die Chilis, Paprikaschote, Tomaten und Knoblauchzehen mit etwas Öl einpinseln.

Wenn der Grill vorgeheizt ist, das Gemüse in den Grillkorb legen und direkt über dem Feuer platzieren. Das Gemüse grillen, bis es rundherum leicht schwarz ist. Die Chilis dafür ca. 5 Minuten, die Paprikaschote 8–10 Minuten, die Tomaten 6–8 Minuten, die Zwiebeln 8–10 Minuten und den Knoblauch 2–3 Minuten grillen. In eine Schüssel geben und zugedeckt 10 Minuten stehen lassen.

Mit den Fingern oder einem Gemüsemesser die Paprikaschote und die Tomaten schälen. Mit einem Standmixer oder Pürierstab das gegrillte Gemüse mit den Mandeln, Essig, Wein und Paprikapulver zu einer flüssigen Sauce pürieren, dabei, wenn notwendig, das aufbewahrte Chiliwasser zugeben. Mit Salz und Pfeffer abschmecken.

SONNENBLUMENKERNAUFSTRICH

AUCH WENN SIE HERZHAFTEN AUFSTRICHEN AUS KERNEN BIS JETZT SKEPTISCH GEGENÜBERSTANDEN, WIRD DIESE VOLLMUNDIGE VARIANTE SIE ÜBERZEUGEN. SCHMECKT SEHR GUT IM SANDWICH ODER ALS FEINER DIP ZU CRACKERN UND GEMÜSESTICKS VOR EINEM GESCHÄFTSESSEN.

Den Backofen auf 180 °C vorheizen. Die Sonnenblumenkerne auf einem Backblech verteilen und 8–10 Minuten leicht braun rösten.

Die Kerne zusammen mit dem Zitronensaft, Knoblauch, Petersilie, Rosmarin, Oregano, Sojasauce, Zitronenschale, Salz, Salbei und Pfeffer in eine Küchenmaschine oder einen Standmixer geben und ca. 2 Minuten fein mahlen, dabei die Mischung von den Seiten in die Mitte schieben. Das Öl in die laufende Küchenmaschine oder den Standmixer gießen und alles zu einer geschmeidigen Masse verarbeiten. Falls die Mischung zu zäh zum Verstreichen ist, etwas Wasser hinzufügen, bis sie eine angenehme Konsistenz annimmt.

Gleich servieren oder luftdicht verschlossen im Kühlschrank bis zu 2 Wochen lagern.

90 g Sonnenblumenkerne, geschält

80 frisch gepresster Zitronensaft

1 ½ TL Knoblauch, fein gehackt

2 EL frische glatte Petersilie, gehackt

2 TL frischer Rosmarin, gehackt

2 TL frischer Oregano, gehackt

2 TL Sojasauce

1 TL Zitronenschale

1 TL feines Meersalz

½ TL getrockneter Salbei

1 Prise frisch gemahlener Pfeffer

80 ml Natives Olivenöl Extra

ERGIBT CA. 375 G

HAUSGEMACHTER MEERRETTICH X 2

MEERRETTICH AUS DEM GLAS KOMMT AN EINEN KÖSTLICHEN BISSEN DES FRISCH GERIEBENEN NICHT HERAN. ES GIBT ZWEI OPTIONEN: EINE CREMIGE, PIKANTE UND EINE MILDERE VARIANTE MIT ROTER ODER GELBER BETE. MÖGLICHST FESTEN MEERRETTICH OHNE GRÜNLICHE VERFÄRBUNGEN VERWENDEN.

450 g Rote oder Gelbe Bete

60 g frischer Meerrettich (ca. 7,5 cm lang), geschält

2 EL Rotwein- oder Apfelessig

½ TL Salz

1 Prise Zucker

ERGIBT CA. 425 G

ROTE/GELBE-BETE-MEERRETTICH: In einem kleinen Topf die Rote oder Gelbe Bete mit Wasser aufgießen, sodass sie 5 cm hoch bedeckt ist und bei hoher Hitze zum Kochen bringen. Die Hitze reduzieren und ca. 40 Minuten weiter köcheln lassen, bis sie weich ist (mit einem Gemüsemesser die Garprobe machen). Die Bete abgießen, leicht abkühlen lassen und die Haut abziehen. Auf einer Käsereibe fein reiben und in eine Schüssel geben.

Den Meerrettich auch fein reiben, 125 g abwiegen und zur Bete in die Schüssel geben. Essig, Salz und Zucker hinzufügen, gut verrühren und 1 Stunde ziehen lassen, damit sich der Geschmack entfaltet. Luftdicht verschlossen hält der Meerrettich im Kühlschrank bis zu 3 Wochen.

CREMIGER MEERRETTICH: Dem Rezept für Rote/Gelbe-Bete-Meerrettich folgen, dabei die Bete durch 250 ml Crème fraîche oder Sauerrahm ersetzen und 1 EL Weißweinessig statt des Rotweinessigs verwenden.

MOSTARDA DI FRUTTA

MOSTARDA DI FRUTTA, EIN ITALIENISCHES WÜRZMITTEL MIT KANDIERTEN FRÜCHTEN IN SENFIGEM SIRUP, WIRD KLASSISCH ZU GEKOCHTEM FLEISCH ODER AUCH FRISCHKÄSE GEGESSEN. GLÄSER DER IMPORTIERTEN MOSTARDA SIND TEUER – DIESE ABGESPECKTE 45-MINUTEN-VERSION WIRD IHREN GELDBEUTEL SCHONEN.

1 große unreife Boscs-Flaschenbirne (ca. 250 g)

1 große Quitte oder 1 großer Granny-Smith-Apfel (ca. 250 g)

125 g getrocknete Aprikosen, in Scheiben geschnitten

125 g getrocknete Feigen, geviertelt

375 g Zucker

250 ml weißer Balsamico oder Weißweinessig

1 unbehandelte Orange

250 g Pflaumen, entkernt und in 1 cm dünne Spalten geschnitten

1 EL Senfpulver

ERGIBT 2 GLÄSER À 500 ML

Die Einmachgläser und Deckel auskochen und bereitstellen.

Die Birne und die Quitte oder den Apfel schälen, entkernen und in 2 cm große Stücke schneiden. In einem großen Topf Birne, Quitte oder Apfel, Aprikosen, Feigen, Zucker und Essig vermischen. Mit einem Zestenschneider zwei je 10 cm lange Streifen von der Orange abschälen und in den Topf geben. Die Orange für eine andere Verwendung beiseitestellen.

Die Mischung bei mittlerer bis niedriger Hitze zum Kochen bringen und ca. 15 Minuten köcheln lassen, dabei öfter umrühren, bis sich die Früchte leicht mit einer Gabel einstechen lassen. Die Pflaumen hinzugeben und weitere 10 Minuten köcheln lassen, bis sie weich sind, sie sollen aber nicht auseinanderfallen.

Mit einer Schaumkelle die Früchte in die Gläser füllen, dabei den Sud im Topf lassen. Falls nötig, Sud aus den Einmachgläsern zurück in den Topf gießen.

Den Sud bei mittlerer Hitze ca. 5 Minuten um die Hälfte einkochen. Das Senfpulver einrühren und 1 Minute köcheln lassen. Die heiße Mischung auf die Früchte in den Gläser schöpfen. Im Kühlschrank vollständig abkühlen lassen und gut verschließen. Die Mostarda di frutta hält bis zu 2 Wochen im Kühlschrank oder bis zu 3 Monate im Tiefkühlschrank.

BIERSENF

SENF WAR SCHON IMMER BELIEBT ZUM WÜRZEN, WENN MAN ABER BIER DAZUGIBT, WIRD ER NOCH BESSER. JE DUNKLER DAS BIER, DESTO INTENSIVER DER GESCHMACK. GENIESSEN SIE IHN KLASSISCH IN HOT DOGS, ZU WÜRSTEN ODER SCHINKEN ODER ALS BASIS EINER WÜRZIGEN VINAIGRETTE.

In einer Glas- oder Keramikschüssel Senfpulver, Bier, Essig und Salz glatt rühren. Zugedeckt mindestens 2 Stunden oder über Nacht ziehen lassen.

Die Mischung in einen Topf geben und Zucker, Senfkörner und das Ei einrühren. Unter Rühren zum Kochen bringen. Der Senf sollte eine bernsteingelbe Farbe und einen intensiven Geschmack annehmen. Abkühlen lassen und gleich servieren oder gut verschlossen im Kühlschrank bis zu 1 Monat lagern.

45 g Senfpulver

125 ml dunkles Bier

2 EL Apfelessig

½ TL Salz

60 g Zucker

1 EL gelbe Senfkörner, geröstet

1 großes Ei, verquirlt

ERGIBT CA. 185 G

SPOON

DIJON-SENF

DIE ZUBEREITUNG DES BERÜHMTEN SENFS AUS DIJON IST GANZ SIMPEL. DIESE VERSION GEWINNT IN SACHEN EINFACHHEIT DURCH DIE KOMBINATION VON SENFPULVER MIT EINIGEN UNVERZICHTBAREN ZUTATEN. DAS ERGEBNIS IST HERRLICH CREMIG UND WÜRZIG.

125 g Senfpulver

500 ml trockener Weißwein oder Sekt ohne Kohlensäure

1 Gemüsezwiebel, gehackt

3 Knoblauchzehen, fein gehackt

2 TL Zucker

2 TL Salz

ERGIBT 2 GLÄSER À 250 ML

Die Einmachgläser und Deckel auskochen und bereitstellen.

Das Senfpulver zusammen mit 125 ml Wasser in einer Schüssel glatt rühren und beiseitestellen.

In einem kleinen Topf Wein, Zwiebel und Knoblauch vermischen und bei hoher Hitze zum Kochen bringen. Auf mittlere Hitze reduzieren, Zucker und Salz einrühren und ca. 20 Minuten offen köcheln lassen, bis die Flüssigkeit um die Hälfte eingekocht ist, dabei gelegentlich umrühren.

Die Weinmischung durch ein feines Sieb in die Schüssel mit dem Senf gießen und gut vermischen. Zurück in den Topf geben und bei mittlerer Hitze unter gelegentlichem Rühren ca. 20 Minuten einkochen.

Den heißen Senf bis 6 mm unter den Rand in die Gläser füllen. Um Luftblasen zu entfernen, mit einer dünnen Nadel am Rand des Glases, zwischen Glas und Senf, vier oder fünf Mal entlangfahren, und bei Bedarf Senf nachfüllen. Die Glasränder sauber wischen und die Gläser fest verschließen.

Der Senf hält im Kühlschrank bis zu 1 Jahr. Am besten vor dem Servieren mindestens 2 Wochen durchziehen lassen.

HONIG-DIJON-SENF: Den Zucker weglassen und dafür vor dem Befüllen der Gläser 2 EL Honig hinzufügen.

ESTRAGON-DIJON-SENF: Vor dem Befüllen der Gläser 1 EL gehackten frischen Estragon einrühren.

DIJON-SENF MIT SENFKÖRNERN: Ca. 5 Minuten vor Ende der Kochzeit 2 TL braune Senfkörner dazugeben.

AIOLI X 2

HIER SIND ZWEI SCHNELLE UND EINFACHE AIOLIS. DIE ZITRONEN-AIOLI IST EIN PERFEKTER BEGLEITER ZU GEBRATENEM FISCH, GEDÜNSTETEN ARTISCHOCKEN UND GEBRATETEM SPARGEL. DIE PAPRIKA-AIOLI PASST GUT ZU BRATKARTOFFELN, ROTEM FLEISCH, GEGRILLTEM HÜHNCHEN UND KRABBENKÜCHLEIN.

ZITRONEN-AIOLI:

- je 60 ml Rapsöl und Olivenöl
- 3 große Eigelb
- 1 EL Dijon-Senf
- 3 Knoblauchzehen, grob gehackt
- 3–4 EL frisch gepresster Zitronensaft, nach Bedarf
- ½ TL Salz
- 1 Prise gemahlener weißer Pfeffer

ROTE PAPRIKA-AIOLI:

- 6 Knoblauchzehen
- 120 ml Olivenöl
- 60 ml Rapsöl
- 2 große Eigelb
- 1 rote Paprikaschote, geröstet, geschält, entkernt und geviertelt
- je 1 TL Chlii- und süßes Paprikapulver
- 3–4 Spritzer scharfe Chilisauce
- Salz und frisch gemahlener schwarzer Pfeffer

ERGIBT JE CA. 500 ML

ZITRONEN-AIOLI: Raps- und Olivenöl in einen Messbecher gießen. In einem Standmixer oder einer Küchenmaschine die Eigelbe, Senf, Knoblauch, Salz und Pfeffer mixen, bis der Knoblauch zerkleinert ist. Eingeschaltet lassen und in einem dünnen, gleichmäßigen Strahl die Ölmischung hinzugießen. 3 EL Zitronensaft dazugeben und verrühren. Das Aioli sollte die Konsistenz von Mayonnaise haben, falls es zu dick ist, mit 1 EL Zitronensaft verdünnen. Abschmecken, in eine Schüssel füllen und bis zum Servieren zugedeckt in den Kühlschrank stellen. So hält das Aioli bis zu 1 Woche.

ROTE PAPRIKA-AIOLI: Den Knoblauch in eine kleine, hitzebeständige Schale geben, mit kochendem Salzwasser übergießen, sodass der Knoblauch bedeckt ist und 1 Minute ziehen lassen. Abgießen und trocken tupfen, 60 ml vom Sud abmessen und beiseitestellen.

Oliven- und Rapsöl in einen Messbecher gießen. In einem Standmixer oder einer Küchenmaschine den Knoblauch, Eigelbe, roten Pfeffer, Paprikapulver, Chilipulver, 1 TL Salz, ½ TL schwarzen Pfeffer und Chilisauce mixen, bis der Knoblauch und der rote Pfeffer zerkleinert sind. Eingeschaltet lassen und in einem dünnen, gleichmäßigen Strahl das Öl hineingießen. Nach Bedarf mit etwas Knoblauchsud verdünnen. Das Aioli sollte die Konsistenz von Mayonnaise erhalten. Abschmecken, in eine Schüssel füllen und bis zum Servieren zugedeckt in den Kühlschrank stellen. So hält das Aioli bis zu 1 Woche.

KLASSISCHE OLIVENTAPENADE

DIESE ALTERWÜRDIGE PASTE AUS OLIVEN, KAPERN, ANCHOVIS UND KNOBLAUCH STAMMT AUS DER PROVENCE, WO IN SONNIGEM KLIMA OLIVENBÄUME UND KAPERNSTRÄUCHER WACHSEN. SCHMECKT HERRLICH ALS AUSTRICH AUF GERÖSTETEM BROT, ZU PIZZA ODER ALS DIP FÜR GEMÜSESTICKS.

Mit der Küchenmaschine Oliven, Kapern, Anchovis, Knoblauch, Zitronenschale, Pfeffer und 2 EL Olivenöl mixen, bis ein grobes Püree entsteht, bei Bedarf mehr Öl hinzufügen, damit die Masse eine streichfähige Konsistenz annimmt.

Die Tapenade in eine Schüssel füllen und gleich servieren oder zugedeckt im Kühlschrank bis zu 5 Tage lagern. Vor dem Servieren auf Zimmertemperatur bringen.

75 g Niçoise- oder Kalamata-Oliven ohne Kerne

1 EL Kapern, abgewaschen

2 TL Anchovis, gehackt

1 TL Knoblauch, fein gehackt

1 TL Zitronenschale

2–3 EL fruchtiges Natives Olivenöl Extra

½ TL frisch gemahlener Pfeffer

ERGIBT CA. 185 G

GRÜNES OLIVEN-RELISH

IM GEGENSATZ ZU VIELEN IM GESCHÄFT GEKAUFTEN RELISHES IST DIESE WÜRZIGE VERSION VOLLER FARBEN UND GESCHMACK UND BIETET EINEN TOLLEN KONTRAST ZWISCHEN DEN WEICHEN OLIVEN UND DEN KNACKIGEN ZITRONEN. MIT GEBRATENEM FLEISCH ODER IN DER MITTE EINER KÄSEPLATTE SERVIEREN.

2 Zitronen, längs geviertelt und entkernt

1 Schalotte, grob gehackt

2 EL frische glatte Petersilie, fein gehackt

75 g grüne Oliven ohne Kern

1 TL Koriandersamen

1 TL weißer Balsamico-Essig

1 Prise Meersalz

1 Prise gemahlener weißer Pfeffer

ERGIBT CA. 250 G

Jeweils etwa die Hälfte des Fruchtfleischs aus den Zitronenvierteln kratzen. Die Zitronenviertel grob hacken und in eine Küchenmaschine oder einen Standmixer geben. Die Schalotten, Petersilie und Oliven hinzufügen und kurz zerkleinern, es soll dabei kein Püree entstehen. In eine Schüssel füllen und die Koriandersamen und den Essig hinzufügen. Mit Salz und Pfeffer abschmecken. Für ein gröberes Relish die Oliven mit der Hand grob hacken und mit Koriander und Essig in die Zitronenmischung geben.

Gleich servieren oder zugedeckt im Kühlschrank bis zu 3 Tage lagern. Vor dem Servieren auf Zimmertemperatur bringen.

APFEL-ZWIEBEL-CHUTNEY

DIESES TRADITIONELLE ENGLISCHE CHUTNEY KÖNNEN SIE MIT JEDER BELIEBIGEN APFELSORTE ZUBEREITEN. GUTE BACKÄPFEL WIE GRANNY SMITH ODER PIPPIN, DIE BEIM KOCHEN NICHT DIE FORM VERLIEREN, ERGEBEN EIN KNACKIGERES CHUTNEY. PERFEKT ZU SCHWEINSKARREEBRATEN ODER ROASTBEEF.

Die Einmachgläser und Deckel auskochen und bereitstellen.

In einem Topf Rosinen, Essig, Zucker, Zitronenzesten und Nelken mit 625 ml Wasser gut vermischen. Bei hoher Hitze zum Kochen bringen, vom Herd nehmen und beiseitestellen.

In einem großen Topf bei mittlerer bis niedriger Hitze die Butter zusammen mit dem Olivenöl schmelzen. Die Zwiebeln hinzufügen und ca. 15 Minuten weich dünsten, dabei gelegentlich umrühren. Die Rosinenmischung und die Äpfel hinzugeben und bei hoher Hitze zum Kochen bringen. Auf mittlere bis niedrige Hitze reduzieren und offen ca. 25 Minuten köcheln lassen, bis die Äpfel beginnen, weich zu werden. Die Minze und den Thymian hinzufügen und 5 Minuten weiterkochen, bis die Äpfel weich sind. Die Zitronenzesten entfernen.

Das heiße Chutney bis 6 mm unter den Rand in die Gläser füllen. Mit einem kleinen Plastikspatel die Äpfel und die Zwiebeln in die Gläser drücken, sodass sie mit Flüssigkeit bedeckt sind. Um Luftblasen zu entfernen, mit einer dünnen Nadel am Rand des Glases, zwischen Glas und Chutney, vier oder fünf Mal entlangfahren, und bei Bedarf Chutney nachfüllen. Die Glasränder sauber wischen und die Gläser fest verschließen.

Das Chutney hält im Kühlschrank bis zu 2 Wochen.

375 g Rosinen

250 ml Apfelessig

220 g brauner Zucker

4 Zesten von 1 unbehandelten Zitrone, je 1 cm breit und 5 cm lang

½ TL gemahlene Nelken

2 EL Butter

2 EL Olivenöl

2 große Gemüsezwiebeln (ca. 500 g), gehackt

2 kg Äpfel (siehe Einleitung), geschält, entkernt und gehackt

3 EL frische Minze, gehackt

1 EL frische Thymianblätter

ERGIBT 4 GLÄSER À 500 ML

RHABARBER-MINZ-CHUTNEY

RHABARBERFREUNDE LIEBEN DAS FRÜHLINGSOBST WEGEN SEINER KRÄFTIGEN, PINKEN FARBE, DER MARKANTEN SÄURE UND SEINER WEICHEN KONSISTENZ, WENN ES GEKOCHT WURDE. ZUCKER UND MINZE GLEICHEN DIE NATÜRLICHE SÄURE AUS. KÖSTLICH ZU GEBRATENEM LAMM- ODER PUTENFLEISCH.

750 g Rhabarber (ca. 5 große Stangen)

1 ½ TL ganze Nelken, leicht zerstoßen

1 EL Olivenöl

2 Gemüsezwiebeln (ca. 450 g), grob gehackt

4 rote Pflaumen (ca. 450 g), entkernt und in grobe Stücke geschnitten

1 EL Zesten und 1 TL abgeriebene Schale von 1 unbehandelten Orange

125 ml Weißweinessig

60 g Zucker

1 Prise Salz

1 ½ TL frisch gemahlener Pfeffer

20 g frische Minze, grob gehackt

ERGIBT 4 GLÄSER À 250 ML

Die Einmachgläser und Deckel auskochen und bereitstellen.

Die Enden des Rhabarbers abschneiden, die Stangen längs vierteln und quer in streichholzgroße Stücke schneiden.

Die Nelken auf ein quadratisches Passiertuch oder ein dünnes Geschirrtuch legen, die Ecken zusammennehmen und mit Küchengarn fest zubinden. In einem großen Topf bei mittlerer Hitze das Olivenöl erhitzen. Das Nelkensäckchen, Zwiebeln, Pflaumen und Orangenzeste und -schale hineingeben und ca. 10 Minuten dünsten, bis die Zwiebeln weich sind. Den Rhabarber, Essig, Zucker, Salz und Pfeffer hinzugeben und ca. 10 Minuten kochen, bis der Rhabarber weich ist, dabei gelegentlich umrühren. Die Minze einrühren und abschmecken.

Das Nelkensäckchen herausnehmen und das heiße Chutney bis 6 mm unter den Rand in die Gläser füllen. Um Luftblasen zu entfernen, mit einer dünnen Nadel am Rand des Glases, zwischen Glas und Chutney, vier oder fünf Mal entlangfahren, und bei Bedarf Chutney nachfüllen. Die Glasränder sauber wischen und die Gläser fest verschließen.

Das Chutney hält im Kühlschrank bis zu 1 Monat.

ZWIEBEL-SPECK-AUFSTRICH

DIESER SÜSSSAURE AUFSTRICH, DER MIT KARAMELLSIERTEN ZWIEBELN, APFELESSIG UND BRAUNEM ZUCKER ZUBEREITET WIRD, SCHMECKT MIT GERÄUCHERTEM SPECK NOCH BESSER. HIMMLISCH AUF CRACKERN UND KEKSEN ODER ZU CLUB SANDWICHES UND QUESADILLAS.

500 g Speck (am besten über Apfelbaumholz geräuchert), in dicken Scheiben

2 Gemüsezwiebeln, fein gehackt

1 Lorbeerblatt

60 g brauner Zucker

1 TL frische Thymianblätter

1 TL Salz

60 ml Apfelessig

2 TL Worcestershiresauce

Salz und frisch gemahlener Pfeffer

ERGIBT 470–545 G

Den Backofen auf 200 °C vorheizen und ein Backblech mit Backpapier auslegen. Die Speckscheiben einlagig auf dem Blech verteilen und 15–20 Minuten braun und knusprig backen, nach ca. 10 Minuten mit einer Kochzange wenden. Den Speck auf Küchenpapier abtropfen lassen und dabei 2 EL des Fetts auffangen. Die Speckscheiben leicht zerbröseln und beiseitestellen.

In einer Pfanne mit hohem Rand das aufgefangene Fett bei niedriger Hitze erwärmen. Die Zwiebeln und das Lorbeerblatt hinzufügen, zudecken und ca. 10 Minuten dünsten, bis die Zwiebeln beginnen, braun zu werden, dabei gelegentlich umrühren. Den Deckel abnehmen, 1 TL Zucker, Thymian und Salz hinzufügen und ca. 15 Minuten offen kochen, bis die Zwiebeln eine dunkelbraune Farbe angenommen haben, dabei gelegentlich umrühren.

Die Hitze reduzieren und den zerbröselten Speck, den restlichen Zucker, Essig und Worcestershiresauce dazugeben. Mit Deckel ca. 10 Minuten dick einkochen, dabei gelegentlich umrühren. Vom Herd nehmen und mit Salz und Pfeffer abschmecken. Das Lorbeerblatt entfernen.

Noch warm servieren oder luftdicht verschlossen im Kühlschrank bis zu 2 Wochen lagern und vor dem Servieren auf Zimmertemperatur bringen.

GETROCKNETE-TOMATEN-KONFITÜRE

MIT DIESER EINFACHEN, PIKANTEN KONFITÜRE KÖNNEN SIE DEN INTENSIVEN UND LEICHT RAUCHIGEN GESCHMACK DER TOMATEN DAS GANZE JAHR GENIESSEN. KÖSTLICH AUF TOAST, MIT KÄSE ODER RÜHREI. AUCH TOLL ZUM VERSCHENKEN – IHRE FREUNDE WERDEN SICH FREUEN.

315g sonnengetrocknete Tomaten, abgetropft und grob gehackt

1 EL Natives Olivenöl Extra

2 Knoblauchzehen, fein gehackt

½ rote Zwiebel, in feinen Scheiben

1 EL Zucker

60 ml Rotweinessig

½ TL getrockneter Thymian

Meersalz und frisch gemahlener Pfeffer

ERGIBT CA. 315 G

In einem Topf bei mittlerer Hitze Tomaten, Öl, Knoblauch und Zwiebel vermischen und ca. 5 Minuten braten, bis die Zwiebel beginnen, braun zu werden. Zucker, Essig und Thymian einrühren und mit 250 ml Wasser und je ½ TL Salz und Pfeffer zum Kochen bringen. Die Hitze reduzieren, zudecken und 30 Minuten köcheln lassen. Den Deckel abnehmen und bei mittlerer bis hoher Hitze ca. 5 Minuten einkochen.

Vor dem Servieren vollständig abkühlen lassen. Die Tomatenkonfitüre hält luftdicht verschlossen im Kühlschrank bis zu 2 Wochen.

GETRÄNKE & COCKTAIL-MIXE

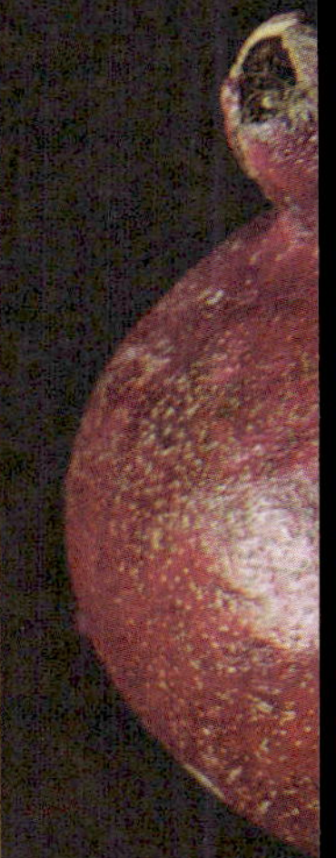

LIMONCELLO

DIESER SÜSSE, AROMATISCHE LIKÖR WIRD IN GANZ ITALIEN ALS DIGESTIF IN ZIERLICHEN, GEKÜHLTEN GLÄSERN SERVIERT. AM BESTEN EINIGE WOCHEN ZIEHEN LASSEN, DAMIT DIE AROMEN GUT MITEINANDER VERSCHMELZEN. SCHMECKT AUCH GUT MIT MANDARINEN ODER BLUTORANGEN.

1,25 kg unbehandelte Zitronen

1 Flasche Wodka (750 ml), 50 Vol.-%

250 g Zucker

ERGIBT CA. 1 L

Die Schale der Zitronen mit einer feinen Käsereibe in einen großen Messbecher reiben. Mit dem Wodka mischen und in ein Einmachglas oder eine Flasche (à 1 l) gießen. Gut verschließen und an einem kühlen, dunklen Ort 30 Tage ziehen lassen, alle paar Tage schütteln.

Die Wodka-Zitronen-Mischung durch ein feinmaschiges Teesieb gießen. Alternativ ein Geschirrtuch mit kaltem Wasser befeuchten, gut auswringen und ein feinmaschiges Sieb damit auslegen. Die Wodka-Zitronen-Mischung durch das Sieb in einen großen Messbecher gießen und die Zitronenschale leicht andrücken.

Die Flüssigkeit durch einen Trichter in eine Flasche (à 1 l) gießen. In einem kleinen Topf 375 ml Wasser mit dem Zucker bei mittlerer bis hoher Hitze zum Kochen bringen, dabei umrühren, damit sich der Zucker auflöst. Vom Herd nehmen und zur Wodka-Zitronen-Mischung in die Flasche gießen, gut verschließen und schütteln. Mindestens 4 Tage in den Kühlschrank stellen – der Limoncello wird mit der Zeit milder. Er ist im Kühlschrank oder Tiefkühlschrank unbegrenzt haltbar.

ZITRONEN-GRAPPA: 90 ml Limoncello mit 20 ml Grappa vermischen und über zerstoßenes Eis in ein gekühltes Martini-Glas füllen. Mit einer Zitronenspalte garnieren. Ergibt 1 Glas.

PRICKELNDER LIMONCELLO: Einen Spritzer Limoncello in eine gekühlte Sektflöte geben und mit Sekt auffüllen. Ergibt 1 Glas.

CRANBERRY-GRANATAPFEL-SIRUP

WENN SIE EIN FAN VON COCKTAILS WIE SEA BREEZE, COSMOPOLITAN ODER CAPE COD SIND, WERDEN SIE DIESEN NICHT ZU SÜSSEN COCKTAIL-MIX LIEBEN. SEINE RUBINROTE FARBE UND DER WUNDERBARE GESCHMACK MACHT IHN ZU EINEM RAFFINIERTEN GESCHENK, ALSO MACHEN SIE AM BESTEN GLEICH MEHR.

250 ml reiner Granatapfelsaft

1 Sternanis

500 ml reiner Cranberrysaft

250 ml frisch gepresster Mandarinensaft, ohne Fruchtfleisch und Kerne

150 g Agavendicksaft

ERGIBT 1 L

In einem kleinen Topf den Granatapfelsaft mit dem Sternanis bei mittlerer Hitze zum Kochen bringen. Vom Herd nehmen und 1 Stunde ziehen lassen.

Den Sternanis entfernen und den Granatapfel-, Cranberry-, Mandarinen- und Agavendicksaft in einem Krug gut vermischen. Die Mischung in ein sauberes Einmachglas oder eine Flasche (à 1 l) gießen und bis zu 2 Monate im Kühlschrank lagern. Vor dem Servieren gut schütteln.

DER PERFEKTE COSMOPOLITAN: Einen Cocktailshaker bis zur Hälfte mit Eis füllen. Mit zwei Teilen Cranberry-Granatapfel-Sirup und einem Teil Wodka aufgießen und gut schütteln. Durch das Barsieb in ein gekühltes Martiniglas abseihen.

MARGARITA-MIX

DIE MEISTEN NEONGELBEN MARGARITA-MIXE WERDEN AUS MAISSIRUP MIT HOHEM FRUCHTZUCKERGEHALT UND UNZÄHLIGEN CHEMISCHEN UND KÜNSTLICHEN GESCHMACKSVERSTÄRKERN HERGESTELLT. DIESES REZEPT ENTHÄLT NICHTS ANDERES ALS FRISCHE ZITRUSSÄFTE UND AGAVENDICKSAFT.

In einer großen Schüssel alle Zutaten mit 250 ml Wasser gut vermischen. Durch ein feines Sieb in einen Krug und anschließend in eine Flasche gießen. Gut verschließen und bis zum Servieren kühl stellen. Der Mix hält im Kühlschrank bis zu 2 Wochen.

CADILLAC-MARGARITA: Einen Cocktailshaker bis zur Hälfte mit Eis füllen. Mit 60 ml Margarita-Mix, 60 ml Tequila und 15 ml Cointreau oder Triple Sec aufgießen und gut schütteln. In ein Cocktailglas mit Eis gießen. Alternativ alle Zutaten in einem Standmixer mit 125 ml zerstoßenem Eis gut vermischen. (Für einen Salzrand: Den Glasrand mit einer Limettenspalte befeuchten und den Rand mit Meersalz überziehen.)

250 ml Agavendicksaft

125 ml frisch gepresster Zitronensaft

60 ml frisch gepresster Limettensaft

60 ml frisch gepresster Mandarinensaft

ERGIBT CA. 675 ML; 11 MARGARITAS

HORCHATA

DIESES CREMIGE, LAKTOSEFREIE GETRÄNK AUS REIS UND/ODER MANDELN ODER ANDEREN NÜSSEN IST IN GANZ LATEINAMERIKA BELIEBT. MIT SEINEM WEICHEN, SÜSSLICHEN GESCHMACK IST HORCHATA PERFEKT ZU TACOS – BESONDERS, WENN SIE ETWAS ZU VIEL CHILISAUCE ERWISCHT HABEN.

275 g blanchierte Mandelsplitter

125 g süßes Reismehl, am besten Mochiko

2 Zimtstangen, in Stücke gebrochen

155 g Zucker

gemahlener Zimt zum Garnieren

ERGIBT CA. 2 L

Den Backofen auf 180 °C vorheizen. Die Mandelsplitter auf einem Backblech verteilen und 15–20 Minuten leicht braun rösten, zwischendurch ein Mal wenden.

In eine große Schüssel füllen und mit dem Reismehl, den Zimtstangen und 1,5 l sehr heißem Wasser vermischen. Locker zudecken und bei Zimmertemperatur 8–16 Stunden ziehen lassen.

Portionsweise die Reis-Mandel-Mischung (mit den Zimtstücken) in einen Standmixer geben und gut mixen. Ein dünnes Geschirrtuch oder ein Passiertuch mit kaltem Wasser anfeuchten und gut auswringen. Ein feinmaschiges Sieb mit dem Tuch auslegen und über einen großen Krug oder eine große Schüssel setzen. Die Mischung durch das Sieb gießen.

In einem kleinen Topf 250 ml Wasser mit dem Zucker bei mittlerer bis hoher Hitze zum Kochen bringen, dabei umrühren, damit sich der Zucker auflöst. Vom Herd nehmen, 750 ml kaltes Wasser hinzugeben, abkühlen lassen und mit dem Reis-Mandel-Sud vermischen.

Zum Servieren in hohe Gläser über Eis gießen und jeweils mit einer Prise Zimt garnieren. Gut verschlossen hält die Horchata im Kühlschrank bis zu 1 Woche.

MANDELMILCH

DIESE HAUSGEMACHTE, LAKTOSEFREIE MILCHVARIANTE MIT IHREM HERRLICH NUSSIGEN, NICHT ZU SÜSSEN GESCHMACK IST PUR MIT EISWÜRFELN EINFACH KÖSTLICH. ODER SIE SERVIEREN SIE MIT EINEM SCHUSS JAMAIKA-RUM ALS FESTLICHES GETRÄNK ZUR WEIHNACHTSZEIT.

280 g blanchierte Mandelsplitter

6 Datteln, am besten Medjool, ohne Kerne

60 ml Agavendicksaft

½ TL Rumaroma

¼–½ TL frisch geriebene Muskatnuss

1 Prise Zimt

ERGIBT CA. 1,5 L

Die Mandelsplitter mit den Datteln in eine hitzebeständige Schüssel geben, 1,5 l kochendes Wasser darübergießen und 1 Stunde einweichen lassen.

Portionsweise die Mandeln und Datteln zusammen mit dem Einweichwasser in einen Standmixer geben und fein pürieren. Ein dünnes Geschirrtuch oder Passiertuch mit kaltem Wasser anfeuchten und gut auswringen. Ein feinmaschiges Sieb mit dem Tuch auslegen und über einen großen Krug oder eine große Schüssel setzen. Die pürierte Mandel-Dattel-Mischung durch das Sieb gießen. Die Enden des Tuches zusammennehmen und die Flüssigkeit herauspressen, darauf achten, dass möglichst wenig Flüssigkeit im Tuch bleibt. Es sollten etwa 1,5 l Mandelmilch entstehen. Die festen Bestandteile können getrocknet als Mandelmehl verwendet werden.

Agavendicksaft, Rumaroma, Muskatnuss und Zimt mit der Mandelmilch vermischen. In Cocktailgläsern mit Eis servieren oder gut verschlossen im Kühlschrank bis zu 2 Wochen lagern. Vor dem Servieren gut durchmischen.

SIRUPBASIS X 4

DIESES EINFACHE REZEPT FÜR KLAREN ZUCKERSIRUP DIENT ALS BASIS FÜR UNENDLICHE GESCHMACKSVARIANTEN. VERWENDEN SIE DIE VARIANTEN IN COCKTAILS ODER MIT SODA ODER TEE GEMISCHT FÜR RAFFINIERTE ALKOHOLFREIE GETRÄNKE.

250 g Zucker

ERGIBT CA. 375 ML

In einem kleinen Topf Zucker und 250 ml Wasser bei mittlerer Hitze zum Kochen bringen, dabei umrühren, sodass sich der Zucker auflöst. Vom Herd nehmen und abkühlen lassen. Luftdicht verschlossen hält der Sirup im Kühlschrank bis zu 3 Wochen.

ROSENSIRUP: 2 TL Rosenwasser in den heißen Sirup rühren.

ORANGENSIRUP: Nachdem der Topf vom Herd genommen wurde, 2 TL Orangenblütenwasser hinzufügen.

HOLUNDERBLÜTENSIRUP: 1 EL getrocknete Holunderblüten oder einen Beutel Holunderblütentee in den heißen Sirup geben. Abkühlen lassen, zudecken und über Nacht in den Kühlschrank stellen. Am nächsten Tag die Flüssigkeit durch ein feinmaschiges Sieb in einen luftdicht verschließbaren Behälter gießen und im Kühlschrank bis zu 3 Wochen lagern.

LIMETTENSIRUP: Vier Kaffernlimettenblätter und eine Limettenzeste (ca. 5 cm lang) oder eine grob gehackte Stange Zitronengras in den heißen Sirup geben. Abkühlen lassen, zudecken und über Nacht in den Kühlschrank stellen. Am nächsten Tag die Flüssigkeit durch ein feinmaschiges Sieb in einen luftdicht verschließbaren Behälter gießen und im Kühlschrank bis zu 3 Wochen lagern.

HAUSGEMACHTER TONIC

TONIC WAR URSPRÜNGLICH EIN MEDIKAMENT, DA ES CHININ ENTHIELT UND SO ZUM SCHUTZ GEGEN MALARIA DIENTE. EIN SCHLAUER HERR ENTDECKTE, DASS TONIC MIT GIN VIEL BESSER SCHMECKT – UND GIN TONIC WAR GEBOREN. NACH CHINARINDENPULVER ONLINE ODER IN KRÄUTERGESCHÄFTEN SUCHEN.

250 g Zucker

3 Stangen Zitronengras, Wurzelenden und die oberen 2 Drittel entfernt, in feinen Scheiben

12 Kaffernlimettenblätter

1 EL Chinarindenpulver

2 EL Zitronensäure

1 unbehandelte Limette

ERGIBT CA. 185 ML SIRUP

In einer Küchenmaschine Zucker, Zitronengras und Limettenblätter fein mahlen. Das Chinarindenpulver und die Zitronensäure hinzugeben und kurz mixen.

Die Limettenschale fein abreiben und beiseitestellen. Die Limette halbieren und auspressen, 2 EL abmessen. In einem großen Topf die Zuckermischung, 250 ml Wasser, Limettensaft und -schale vermischen. Bei mittlerer Hitze zum Kochen bringen, die Hitze reduzieren und 30 Minuten offen leicht köcheln lassen, dabei gelegentlich umrühren.

Ein dünnes Geschirrtuch oder Passiertuch mit kaltem Wasser anfeuchten und gut auswringen. Ein feinmaschiges Sieb mit dem Tuch auskleiden und über einen großen Krug oder eine große Schüssel setzen. Die Flüssigkeit abseihen, dabei die festen Bestandteile andrücken, sodass möglichst wenig Flüssigkeit übrig bleibt. Alternativ die Mischung durch ein sehr feines Teesieb gießen. Den Sirup in ein sauberes Einmachglas gießen und ohne Deckel in den Kühlschrank stellen. Wenn er abgekühlt ist, gut verschließen und im Kühlschrank bis zu 2 Monate lagern.

Für 250 ml Tonic Water 2–3 TL Sirup mit 250 ml Soda mischen.

BACKMISCHUNGEN & VARIANTEN

LEBKUCHEN-APFEL-PFANNKUCHEN

360 g Mehl

60 g brauner Zucker

2 TL Backpulver

1 Prise Backnatron

1 Prise gemahlener Zimt

½ TL gemahlener Piment

½ TL gemahlener Ingwer

1 Prise frisch geriebene Muskatnuss

½ TL Salz

Alle Zutaten gut vermischen und luftdicht verschließen.

Für die Pfannkuchen die Backmischung mit zwei geschälten und geraspelten Äpfeln, 425 ml Vollmilch, zwei großen Eiern und 2 EL geschmolzener Butter vermischen. Eine Pfanne mit etwas Öl einfetten und hoch erhitzen.

Je einen Schöpfer (ca. 80 ml) des Teigs in die Pfanne geben und ca. 1 ½ Minuten backen, bis sich Blasen auf der Oberfläche bilden. Den Pfannkuchen wenden und auf der zweiten Seite ca. 1 Minute goldbraun backen. Den fertigen Pfannkuchen auf einen Teller legen. Wiederholen, bis der Teig aufgebraucht ist, bei Bedarf etwas Öl in die Pfanne geben. Die Pfannkuchen mit Ahornsirup servieren.

ERGIBT BACKMISCHUNG FÜR CA. 4 PORTIONEN

BUTTERMILCH-MAISBROT

315 g gelbes Maismehl

155 g Mehl

90 g Zucker

1 EL Backpulver

1 TL Salz

½ TL Backnatron

1 TL frisch gemahlener Pfeffer

Alle Zutaten gut vermischen und luftdicht verschließen.

Für das Maisbrot den Backofen auf 200 °C vorheizen und eine rechteckige Backform (28 x 18 cm) mit Butter einfetten. Mit den Fingerspitzen 125 g kalte, in kleine Stücke geschnittene Butter mit der Backmischung verkneten. 375 ml Buttermilch und drei große Eier verquirlen. Mit dem gekneteten Teig gut mischen, dafür einen Holzlöffel verwenden.

Den Teig in die Form füllen und ca. 30 Minuten backen, bis das Brot goldbraun ist. Zur Garprobe ein Holzstäbchen in die dickste Stelle stechen. Wenn beim Herausziehen kein Teig daran klebt, ist das Brot fertig. Auf ein Kuchengitter geben und in der Form leicht abkühlen lassen. Das Brot in Rechtecke schneiden und noch warm oder bei Zimmertemperatur servieren.

KRÄUTER-MAISBROT: Je 1 TL getrockneten Salbei und Majoran hinzugeben.

ERGIBT BACKMISCHUNG FÜR CA. 8–10 PORTIONEN

IRISCHES SODA BREAD

360 g Weizenmehl (Type 812)

45 g kernige Haferflocken

15 g Weizenkleie

1 ½ TL Backnatron

1 TL Salz

Alle Zutaten gut vermischen und luftdicht verschließen.

Für das Soda Bread ein Backblech in den Ofen schieben und den Ofen auf 220 °C vorheizen. Mit den Fingerspitzen 4 EL kalte, in kleine Stücke geschnittene Butter mit der Backmischung verkneten, bis der Teig die Konsistenz von Grieß hat. 375 g fettarmen Naturjoghurt hinzugeben und schnell verrühren, bis die Zutaten möglichst gleichmäßig vermischt sind und eine Kugel entsteht.

Den Teig auf einer leicht bemehlten Arbeitsfläche zu einem 18 cm großen Laib formen, mit Mehl bestreuen und mit den Fingerspitzen leicht verteilen. Mit einem scharfen Messer quer über den Laib ein X einritzen. Das Backblech aus dem Ofen nehmen und den Teig mit einem großen Metallspatel drauflegen. Das Brot 30–35 Minuten goldbraun und knusprig backen, bis der Teig gut aufgegangen ist. Das Brot auf ein Kuchengitter legen und bis zum Servieren leicht abkühlen lassen.

ERGIBT BACKMISCHUNG FÜR 1 RUNDEN BROTLAIB

HAFERFLOCKENPLÄTZCHEN

90 g kernige Haferflocken

250 g Zucker

3 EL Mehl

½ TL Salz

½ TL Backpulver

1 Vanilleschote

Alle Zutaten gut vermischen und luftdicht verschließen.

Für die Plätzchen den Backofen auf 165 °C vorheizen und zwei Backbleche mit Backpapier auslegen. Die Vanilleschote aus der Backmischung nehmen und mit einem verquirlten großen Ei und 125 g geschmolzener, abgekühlter Butter vermischen. Den Teig 15–20 Minuten ruhen lassen, bis er fest ist, dabei gelegentlich umrühren.

Mit einem Teelöffel den Teig auf den Backblechen verteilen, dabei 6 cm Abstand zwischen den Teighäufchen lassen und je ein Blech 8–12 Minuten goldbraun backen. Die Plätzchen auf einem Kuchengitter ca. 5 Minuten abkühlen lassen, bis sie fest werden. Noch warm servieren.

ERGIBT BACKMISCHUNG FÜR CA. 12 PLÄTZCHEN

ROSINEN-GEWÜRZ-MUFFINS

315 g Mehl

155 g Zucker

1 EL Backpulver

1 TL Salz

1 TL frisch geriebene Muskatnuss

1 TL gemahlener Zimt

½ TL gemahlene Nelken

½ TL gemahlener Piment

45 g Rosinen oder Sultaninen

Alle Zutaten gut vermischen und luftdicht verschließen.

Den Backofen auf 200 °C vorheizen und eine 12er-Muffinform mit etwas Butter einfetten. Ein großes Ei, 250 g Sahne, 125 ml Vollmilch und 90 g geschmolzene, leicht abgekühlte Butter verquirlen und mit der Backmischung vermischen. Die Muffinform zwei Drittel hoch füllen und ca. 20 Minuten backen. Zur Garprobe einen Holzspieß in die Mitte der Muffins stecken. Haftet beim Herausziehen kein Teig daran, sind die Muffins fertig. In der Form 3–5 Minuten abkühlen lassen, herausnehmen und servieren.

ERGIBT BACKMISCHUNG FÜR CA. 12 MUFFINS

SEMMELBRÖSEL

3 dicke Scheiben grobes Bauernbrot

3 Knoblauchzehen

2 EL Natives Olivenöl Extra

Meersalz und frisch gemahlener Pfeffer

Die Krusten abschneiden und das Brot in grobe Stücke reißen. In einer Küchenmaschine den Knoblauch fein hacken und das Brot, ½ TL Salz und eine Prise Pfeffer hinzugeben. Weiterhacken, bis grobe Brösel entstehen. In einer kleinen Pfanne bei mittlerer Hitze das Öl erwärmen. Die Brösel hineingeben und 2–3 Minuten unter Rühren knusprig und goldbraun backen. Luftdicht verschlossen halten die Semmelbrösel im Tiefkühlschrank bis zu 6 Monate.

ERGIBT CA. 125 G

ECHTER CHAITEE-MIX

1 TL Fenchelsamen

3 grüne Kardamomkapseln, zerstoßen

je 8 Pfefferkörner, Koriandersamen und Gewürznelken

1 Zimtstange

1 TL gemahlener Ingwer

2 EL lose Assam-Teeblätter

Den Backofen auf 180°C vorheizen. Fenchel, Kardamom, Pfefferkörner, Koriander, Nelken und Zimt in einer Kuchenform vermischen und ca. 5 Minuten rösten, bis die Gewürze intensiv duften. In einer Schale abkühlen lassen und mit der Rückseite eines Holzlöffels leicht zerdrücken. Ingwer und Teeblätter hinzugeben und vermischen. Luftdicht verschlossen lagern.

Für den Chaitee in einem kleinen Topf die Gewürzmischung mit je 500 ml Vollmilch und Wasser bei mittlerer bis hoher Hitze kurz zum Kochen bringen und direkt vom Herd nehmen. Zugedeckt ca. 20 Minuten ziehen lassen.

Durch ein feinmaschiges Sieb in Tassen gießen und mit Zucker oder Honig nach Belieben süßen. Gleich servieren.

VANILLE-CHAI: Ein 2,5 cm langes Stück Vanilleschote zusammen mit den Teeblättern zur Backmischung geben.

GEWÜRZ-KAKAO: Den Tee durch 90 g gehackte Zartbitterschokolade ersetzen.

ERGIBT MIX FÜR 4-6 PORTIONEN

GRILLGEWÜRZMISCHUNG

3 EL Meersalz

1 EL gemahlener weißer Pfeffer

1 EL Paprikapulver

1 EL Knoblauchpulver

1 EL getrockneter Thymian

1 TL rote Paprikaflocken

Die Zutaten gut vermischen und luftdicht verschließen. So hält die Mischung bis zu 1 Jahr.

ERGIBT CA. 45 G

MARSHMALLOW-VARIANTEN

Die Marshmallows wie auf Seite 90 zubereiten. Wenn die Mischung weiß und dick wird, eine der folgenden Geschmacks- oder Farbvarianten hinzugeben:

KAKAO-MARSHMALLOWS: Die Vanille durch 2 EL Backkakao ersetzen.

MINZ-MARSHMALLOWS: Statt der Vanille ½ TL Pefferminzaroma verwenden.

REGENBOGEN-MARSHMALLOWS: Lebensmittelfarbe oder Farbgel nach Geschmack auswählen und die Farbe tröpfchenweise hinzufügen, bis die gewünschte Färbung entsteht.

SESAM-MOHN-CRACKER-VARIANTEN

Die Cracker wie auf Seite 56 zubereiten und nach Geschmack variieren:

ZITRONEN-THYMIAN-CRACKER: Mohn-, Sesamsamen und Senfkörner weglassen, stattdessen die abgeriebene Schale von einer unbehandelten Zitrone und 1 EL gehackten frischen Thymian zusammen mit dem Pfeffer hinzufügen.

OREGANO-PARMESAN-CRACKER: Mohn-, Sesamsamen und Senfkörner weglassen und 1 EL gehackten frischen Oregano und 2 EL geriebenen Parmesan mit dem Pfeffer hinzugeben.

BERGKÄSE-CRACKER: Mohn-, Sesamsamen und Pfeffer weglassen und 2 EL geriebenen Bergkäse mit den Senfkörnern hinzufügen.

SCHARFE BERGKÄSE-CRACKER: Den Pfeffer, Mohn- und Sesamsamen weglassen, dafür 1 TL gemahlenen Cayennepfeffer, 1 TL Paprikapulver und 2 EL geriebenen Bergkäse mit den Senfkörnern hinzugeben.

REGISTER

N

O

P

Q

R

S

T

V

W

Z

Emil-Hoffmann-Str. 1, 50996 Köln
www.fackeltraeger-verlag.de

Übersetzung: Anna Hübinger, Wien
Redaktion und Satz der deutschen Ausgabe: Print Company Verlagsges.m.b.H., Wien
Umschlagadaption: Achim Münster, Overath

Erstveröffentlichung unter dem Titel „Better from Scratch" durch Weldon Owen (USA)

Fotos: Alice Gao
Food Styling: Lilian Kang
Requisiten: Christine Wolheim

Weitere Fotos: Petrina Tinslay: Seite 33; Ray Katchatorian: Seiten 48 und 112.

Foto Frontcover: Ashley Lima

Printed in China

ISBN 978-3-7716-4598-4

DANKSAGUNG

Weldon Owen dankt Rachel Boller, Casey Catelli,
Marisa Kwek, Eve Lynch, Elizabeth Parsons und Sharon Silva
für ihre Unterstützung bei der Herstellung dieses Buchs.